VEIT LINDAU

# ZUKUNFTSWERK

Das beste Jahr deines Lebens

# Dein Weckruf

Wie wertvoll ist ein einziger Tag deines Lebens?
Und wie kostbar ist dann erst ein Jahr?

Dieses Buch ist ein Geschenk an dich selbst.

Schreibe das Drehbuch deines Lebens und
setze es lustvoll in Realität um.

Heute ist nicht das Ende, sondern immer erst
der Anfang deiner wunderbaren Reise
durch dieses Universum.

PS: Alle Autor*innen haben unentgeltlich für dieses Buch geschrieben. Sämtliche Erlöse dieses Buches fließen in die ichliebedich-Stiftung. Wir danken dir im Namen aller Kinder und Jugendlichen, denen dein Beitrag dabei helfen wird, ihr Potenzial frei zu entfalten.

Hier ist Platz für ein Foto. Das kann ein Porträt von dir oder ein anderes Bild sein, das für dich symbolhaft repräsentiert, was du dir in diesem Jahr am meisten wünschst.

# Dein Credo

Angenommen, dies wird das beste Jahr deines Lebens: Wie lautet dein Credo oder dein Motto für die kommenden 365 Tage?

..................................................................................................................

..................................................................................................................

# Inhalt

| | |
|---|---|
| Herzlich willkommen in deinem Zukunftswerk | 6 |
| So gelingt dein Zukunftswerk | 8 |
|    Die Erfolgsformel für ein gutes Leben | 9 |
| Dein Start | 22 |
| Das Drehbuch deines Lebens | 24 |
| Wofür lebst du? | 28 |
| Die Vision deines Lebens | 34 |
| Dein Powerziel | 36 |
| Deine Glücksroutinen | 38 |
| Dein Wunsch für dieses Jahr | 41 |
|    Ich kann das ~~nicht~~ | 48 |
|    Wahrheit zeigt dir den Weg | 56 |
| Flow-Kick und Visionsdate: Werte und Charakter | 58 |
|    Ertappen und umschalten | 66 |
|    Deine wahren Bedürfnisse | 74 |
| Flow-Kick und Visionsdate: Gesundheit und Fitness | 76 |
|    Epigenetik – wie dein Lebensstil deine Gene beeinflusst | 84 |
|    Essen ist ein Wunder – und es ist Liebe | 92 |
| Flow-Kick und Visionsdate: Selbstliebe | 94 |
|    Echter Wohlstand – ein Plädoyer für neue Werte | 102 |
|    Selbstliebe ist Nächstenliebe | 110 |
| Flow-Kick und Visionsdate: Liebe und Beziehung | 112 |
|    Entdecke die Quelle der Weisheit in dir | 120 |
|    Jedes Verhalten hat einen Sinn | 128 |
| Flow-Kick und Visionsdate: Deine Berufung und dein Beruf | 130 |
|    Leben wir, um zu arbeiten – oder arbeiten wir, um zu leben? | 138 |

| | |
|---|---:|
| Mehr Lebendigkeit – Gefühle einfach fühlen | 146 |
| **Flow-Kick und Visionsdate: Erfolg und Finanzen** | 148 |
| Bist du unglücklich mit deinem Beruf? Dann mach es doch wie die Fußballer! | 156 |
| Finanziell frei! | 164 |
| **Flow-Kick und Visionsdate: Flow und Kreativität** | 166 |
| So kommst du zurück in deinen Flow | 174 |
| Das Licht deines Herzens – Visualisierungsmeditation | 182 |
| **Flow-Kick und Visionsdate: Familie und Elternschaft** | 184 |
| Unsere Kinder werden so, wie wir sie sehen | 192 |
| 42 Grad | 200 |
| **Flow-Kick und Visionsdate: Eros und Passion** | 202 |
| Genusskompass für guten Sex – finde deine Sprache für deine Wünsche | 210 |
| Der Sinnesschwamm | 218 |
| **Flow-Kick und Visionsdate: Deine Form der Spiritualität** | 220 |
| Habe keine Angst vor deinem spirituellen Weg | 228 |
| Die Antwort in der Frage | 236 |
| **Flow-Kick und Visionsdate: Führung und Co-Creation** | 238 |
| Handelst du aus Angst oder aus Liebe? | 246 |
| Die Basis von New Work – die 4-Sync-Methode | 254 |
| **Flow-Kick und Visionsdate: Die Welt und du** | 256 |
| Wie du Stereotype verlassen und neue Bilder schaffen kannst | 264 |
| Wo Liebe ist, kann kein Krieg sein | 272 |
| **Vollendung** | 274 |
| **Deine Jahresvollendung** | 275 |
| **Anhang** | 280 |

# Herzlich willkommen in deinem Zukunftswerk

Ich heiße Veit Lindau und fühle mich geehrt, dich durch ein Jahr deines Lebens begleiten zu dürfen. Ich danke dir für dein Vertrauen. Dieses Buch basiert auf drei Thesen:
1. Du lebst – egal, wie alt du bist – noch lange nicht dein volles Potenzial.
2. Für dich existiert in deiner nahen Zukunft ein bisher unerreichtes Level an Erfüllung und Erfolg.
3. Du bist bereit für dieses nächste Level.

Da ich nicht an Zufälle glaube, gehe ich davon aus, dass diese Thesen auf dich zutreffen. Dieses Buch ist kein klassischer Zeitplaner für all deine Termine und es ist auch keine To-do-Liste, die du eifrig abhakst. Dieses Buch ist ein Drehbuch für das nächste Level deines Lebens. Es zeigt dir Wege, dein noch schlummerndes Potenzial voll zu aktivieren, um so das bisher Unmögliche möglich zu machen.

Die Welt ist laut und voller Ablenkungen. Schnell ist ein Jahr unseres so wertvollen Lebens verstrichen. Wir haben tapfer funktioniert und jeden Tag so viele Dinge abgearbeitet. Doch ging es dabei tatsächlich um uns? Sind wir unseren Werten und Wünschen treu geblieben oder haben wir lediglich ein Hamsterrad bedient? *Zukunftswerk* lädt dich dazu ein, nicht nur dein*e eigene*r Drehbuchautor*in zu sein, sondern auch die Hauptrolle in deiner Realität zu spielen. Es lädt dich dazu ein, *dich* kennenzulernen: Wenn du *dich* und *dein Leben* ernst nimmst und wenn noch viel mehr möglich wäre, was willst du dann wirklich-wirklich?

Vielleicht liegt dir in diesem Jahr besonders weltlicher Erfolg am Herzen. Vielleicht ist es auch eine erfüllte Partnerschaft, vitale Gesundheit, innerer Frieden, was dich beschäftigt. Vielleicht tickst du auch wie ich und willst einfach alles. *Zukunftswerk* ermutigt dich, größer in Bezug darauf zu denken, wer du bist und was du erreichen kannst. Es ist jedoch kein Tschakka-tschakka-Motivationsbuch, das dich noch mehr in den Leistungs- und Optimierungswahn pusht. Das Buch setzt auf einen klaren Fokus, intelligente Wirksamkeit und – ganz wichtig – Freude und Entspannung.

Ich bin kein Träumer, der glaubt, dass alles von allein geschieht. Die Impulse in *Zukunftswerk* beruhen auf 30 Jahren Erfahrung im Bereich Life Coaching und den neuesten, gründlich erforschten Erkenntnissen der Verhaltenstherapie, der Neurowissenschaft und der Flow-Forschung.

Natürlich folgt unser Dasein keiner starren mathematischen Gleichung. Uns alle erwarten auch in diesem Jahr wieder viele Überraschungen. Doch wenn ich eines gelernt habe, dann, dass wir wesentlich mächtiger sind, als wir glauben. Egal, wie stark wir konditioniert wurden, in Begrenzung zu denken und in abgenutzten Mustern zu handeln, in uns allen lebt ein schöpferisches Genie, welches das Gelingen und Erblühen unseres eigenen Lebens und unserer Umgebung positiv und befreiend beeinflussen kann.

Möge dich dieses Buch dabei unterstützen, dich neu und noch tiefer in dich und deine Möglichkeiten zu verlieben.

In Verbundenheit, von Schöpfer zu Schöpfer*in
Veit

# So gelingt dein Zukunftswerk

Lass uns realistisch sein: Damit dies tatsächlich eines der besten Jahre deines Lebens wird, braucht es sicher mehr als ein Buch. Aus diesem Grund habe ich dir ein zusätzliches Carepaket für deine spannende Reise in Form einer umfassenden App vorbereitet, die du dir mit dem Kennwort »happy2023« unter folgendem Link sofort abholen kannst: https://hi.homodea.com/mein-zukunftswerk/[1]

Dich erwarten folgende Inhalte:
- Ein achtteiliger Onlineworkshop »Mein Zukunftswerk«, in dem ich dir ausführlich und unterhaltsam die wesentlichen Gesetze der erfolgreichen Realisierung von Visionen vorstelle. Das Buch funktioniert auch ohne diesen Workshop, doch ich empfehle dir sehr, zumindest einmal reinzuschauen. Dein tieferes Verständnis für Motivation, Manifestation und Flow wird die Wirkung von *Zukunftswerk* erheblich verstärken.
- eine App mit mehr als sechzig wunderschönen Meditationen für verschiedene Anlässe

---

[1] Und ja, es ist wirklich ein Geschenk, ohne Haken.

- kurze und kompakte Tagesimpulse zur Ermutigung direkt auf dein Handy
- eine ausgewählte Sammlung vertiefender Inspirationsvideos und -audios
- ein Austauschforum mit ähnlich gesinnten Menschen, die auch mit diesem Buch arbeiten
- Zugang zum Onlinekongress »Zukunftswerk« mit Videos von über 30 Expert*innen aus den Bereichen Psychologie, Medizin, Spiritualität, Kultur und Politik

Ich weiß, du scharrst mit den Hufen und willst loslegen. Ich bitte dich dennoch, das folgende Kapitel in Ruhe zu lesen, bevor du in dein *Zukunftswerk* einsteigst.

## DIE ERFOLGSFORMEL FÜR EIN GUTES LEBEN

Ich werde in Seminaren immer wieder nach einer Formel für Erfolg und Erfüllung gefragt. Klar ist, dass jedes gute Leben mit einer Absicht beginnt. Obwohl ich kein Freund von platten Vereinfachungen bin, kann ich doch das Extrakt aus 30 Jahren Erfahrung und Arbeit mit über 100 000 Menschen mit gutem Gewissen in einer Gleichung zusammenfassen.

$$A \times F^2 \times B (S + V + Z + R) \times G^2 + X = \text{ein gutes Leben}$$

| A | Absicht |
|---|---|
| F | Freude und Flow |
| B | Beziehung |
| S | Sinn |
| V | Vision |
| Z | Ziele |
| R | Reflexion |
| G | Gewohnheiten und Gegenwart |
| X | die *eine* Sache |

Betrachte dies jedoch weniger als eine nüchterne Formel und mehr wie die Zutaten für einen äußerst delikaten Kuchen. Ich behaupte: Einfacher geht es nicht. Diese Elemente benötigst du auf jeden Fall. Wenn du ihren Sinn einmal verstanden hast, funktioniert die Formel wie eine aufschlussreiche Checkliste. Wenn dein Leben einmal nicht so läuft, wie du es dir wünschst, findest du mithilfe dieser Formel schnell heraus, woran es mangelt.

Weil so eine Formel erst einmal sehr trocken wirkt, beleben wir sie! Dafür findest du im Onlinebereich (s. Anhang) das Lied »Gutes Leben« zum Mitsingen. So prägen sich die einzelnen Elemente tief und nachhaltig ein.

## A WIE ABSICHT

Deine Absicht steht in der Formel ganz vorn, weil sie einfach alles bestimmt. Du kannst noch so viel Talent besitzen oder Wissen anhäufen, ohne deine kristallklare und zu allem entschlossene Absicht läuft gar nichts. Du bekommst mittel- und langfristig immer das, was deiner stärksten Absicht entspricht. Vielleicht erhebst du gleich hier innerlich Einspruch und denkst: »Nein, das stimmt nicht. Ich bekomme viele Dinge nicht, obwohl ich sie mir wünsche.« Dem setze ich entgegen, dass *Wünschen* und *Absicht* eben nicht dasselbe sind. Wir erhoffen uns alle den ganzen Tag lang alle möglichen Dinge. Doch erst wenn sich alle Kräfte deines Systems – Vernunft, Emotionen, Körper, Unterbewusstsein – laserartig in einer *Absicht* vereinen, wirst du unaufhaltbar. Du wirst dann alles dazu lernen, was es braucht. Du wirst loslassen oder überwinden, was dir im Weg steht. Du wirst deine Strategien immer wieder geschmeidig anpassen, wie ein Fluss, der seine Form tausendmal verändert, ohne jemals sein Ziel, das Meer, aus den Augen zu verlieren. Es ist deine bis hierher noch nicht ausreichend klare Absicht, die dafür sorgt, dass du ein Buch nach dem anderen liest, Workshops ohne Ende besuchst, aber dein Wissen nicht umsetzt. Es ist deine unbewusste, zu deinen Wünschen eventuell im Widerspruch stehende Absicht, die immer wieder dafür sorgt, dass du deinen Erfolg sabotierst.

Wenn du der verborgenen Macht deiner Absicht auf die Spur kommen willst, lohnt es sich, einmal konsequent der Hypothese zu folgen: Alles, was sich in deinem Leben wiederholt oder über einen längeren Zeitraum bleibt, entspricht deiner unbewussten Absicht. Ein wesentliches Anliegen dieses Buches ist es, dir zu helfen, deine Absicht für das, was du wirklich willst, zu klären und zu konzentrieren, bis du nicht mehr darüber nachdenken musst. Jedes wilde, freie Tier folgt konzentriert seiner wahren Absicht. Jedes kleine Kind lebt sie selbstverständlich. Doch Erziehung, Schule, Werbung und Reizüberflutung haben in vielen Erwachsenen die Absicht erschüttert und zersplittert. Hol dir diese elementare Power zurück!

*Umsetzung: Das Buch fordert dich jede Woche neu auf, deine wichtigste Absicht zu formulieren und dich auf sie zu fokussieren.*

## F WIE FREUDE

Wenn Absicht die Quelle deiner Vitalität ist, dann ist Freude der beste Wegweiser, in welche Richtung du diese Urkraft lenken solltest. Eine der mit Abstand am häufigsten gestellten Fragen in meinen Seminaren und Coachings lautet: »Woher weiß ich, was der richtige Weg für mich ist?« Die Antwort ist so einfach: Folge der Freude.

Damit meine ich nicht kurzfristige Kicks, die wir spüren, wenn wir ins Kino gehen oder Süßigkeiten essen. Die Rede ist von einer lang anhaltenden, stillen, dich zutiefst erfüllenden Freude. Wird diese Freude mehr, bist du auf dem für dich vorgesehenen Weg. Du empfindest Freude, weil sich dein Gehirn im Zustand der Potenzialentfaltung befindet und dabei hochwirksame Neurotransmitter ausschüttet, zum Beispiel Dopamin und Serotonin. Diese sind nicht nur zum Spaß da. Sie stimulieren deine Kreativität, lassen dich schneller lernen und setzen dich entschlossen in Bewegung. Viele Neujahrsvorhaben scheitern, weil sie extern motiviert sind, durch Leistungsdruck und Optimierungswahn. Du wirst nur dann nachhaltig an einem Projekt, einer Beziehung, einer Vision dranbleiben, wenn sie dich von innen heraus errgt und bewegt. Damit sich das Universum der Freude für dich öffnet, musst du dich unverschämt und kühn auf dein Geburtsrecht der Begeisterung besinnen.

Wofür sonst leben wir, wenn nicht dafür, ein Leben in Freude zu erfahren und anderen Menschen dabei zu helfen, es auch zu tun? Was nützen dir abgearbeitete To-do-Listen und erlegte Rekorde, wenn du nicht happy bist?

*Umsetzung: Stimme dich mithilfe von Seite 27 innerlich auf deine Freude in diesem Jahr ein. Ich werde dich in diesem Buch und auch über die Tagesimpulse des Onlineworkshops immer wieder daran erinnern.*

## F WIE FLOW

Hast du schon einmal bewusst den faszinierenden Zustand des Flows erfahren? Beim Sport, in der Arbeit oder der Kunst? Weißt du auch, wie du ihn täglich gezielt herbeiführen kannst? Die Evolution hat Flow als geheimen Turbo in unserem Gehirn installiert. Ist er eingeschaltet, erfährst du alles, was du tust, in tiefer Konzentration. Du gehst völlig im Moment auf. Nicht *du* joggst, *es* joggt durch dich. Nicht *du* schreibst ein Buch, *es* schreibt sich durch dich. Du erreichst mühelos Höchstleistungen und bist dabei so erfüllt, dass du keine äußere Belohnung mehr brauchst. Klingt zu gut, um wahr zu sein? Nun, wir verdanken der legendären Forschungsarbeit von Mihály Csíkszentmihályi die

Erkenntnis, dass dieser Zustand so gut wie jedem Menschen offensteht und wir ihn bewusst herbeiführen können.

*Umsetzung: Ich stelle dir im Verlauf des Buches zentrale Grundprinzipien des Flows vor und erkläre dir, wie du sie in deinen Alltag integrieren kannst.*

### B WIE BEZIEHUNG

Ich könnte das gesamte Buch mit Beweisen und Beispielen dafür füllen, wie intensiv deine bestehenden Beziehungen auf dein Glück und deinen Erfolg einwirken.

*Umsetzung: Schau dir zur Veranschaulichung im Onlinebereich (s. Anhang) das Video »Ubuntu« an. Wenn du mithilfe des Buches die Vision für dein Leben formulierst (s. Seite 34), lege besonderes Augenmerk auf die gewünschte Qualität deiner Beziehungen.*

### S WIE SINN

Wir Menschen sind keine Leistungsmaschinen, wir sind Sinnwesen. Unsere Selbstachtung basiert auf der Kenntnis unseres Wofür, unserer zentralen Werte und der Bereitschaft, ihnen auch in unseren Handlungen treu zu sein. Es nutzt nichts, wenn wir in einem Tagebuch oder auf unserer Website ein Mission-Statement stehen haben. Unser Unterbewusstsein registriert sehr genau die Lücke zwischen unseren Idealen und Taten. Schließen wir diese, fühlen wir uns wertvoller und selbstbewusster.

*Umsetzung: Ich lade dich auf Seite 30 ein, dir Gedanken über den Sinn und die Werte deines Lebens zu machen.*

### V WIE VISION

Brauchen wir überhaupt Visionen? Ja, denn der Punkt ist: Du folgst immer Visionen, ob du willst oder nicht. Die Frage ist lediglich: Welchen Visionen folgst du? Deinen selbst gewählten oder denen, die andere in deinem Unterbewusstsein abgelegt haben? Dein Geist besteht – stark vereinfacht ausgedrückt – aus einem Bildermacher und einem Umsetzer. Was sich der Bildermacher vorstellt, manifestiert der Umsetzer. Das beginnt, sobald du die Augen am Morgen aufmachst. Doch es geschieht so schnell und meist unbewusst, dass viele Menschen nicht erkennen, dass ihre äußere Realität das Ergebnis ihrer inneren Visionen ist. Wenn du dir nicht hin und wieder die Zeit nimmst, eine frische, selbst gewählte Vision für dein Leben zu empfangen, muss dein innerer Umsetzer auf alte Bilder zurückgreifen. Diese basieren auf deinen vergangenen Erfahrungen und dem, was dir die die Gesellschaft als »Norm« anbietet. Die Menschen, die du bewunderst, haben ihr Leben sehr wahrscheinlich nicht dem Zufall überlassen. Sie wählten eine un*norm*ale Vision und setzten sie kühn und entschlossen um. Kommen wir damit zur Anfangsfrage zurück: Wenn du mit dem, was du hast, vollkommen zufrieden bist, brauchst du auch keine Vision. Mach einfach so weiter. Doch wenn du ahnst, da geht noch mehr, nutze dieses Buch, um deinen Geist zu dehnen und neue, außergewöhnliche Visionen für dein Drehbuch zu empfangen.

*Umsetzung: Um eine umfassende Vision deines Lebens zu empfangen und schriftlich zu formulieren, schlage ich dir eine Aufteilung in zwölf essenzielle Lebensbereiche vor. Auf Seite 35 kannst du deine Wünsche für diese Bereiche niederschreiben. Zu Beginn eines jeden Monats lade ich dich zudem ein, dich noch einmal gesondert mit einem der Bereiche zu beschäftigen.*

## Z WIE ZIELE

Warum setzen so viele Menschen ihre Visionen nicht um? Die Antwort ist so simpel wie erhellend: Wenn sich unser innerer Bildermacher an den Bildern berauscht, doch der Umsetzer keinen machbaren Weg sieht, gehen wir einfach nicht los. Das ist nicht gut. Denn wenn wir träumen, die PS aber nicht auf die Straße bringen, bahnt sich in uns ein frustrierender Schöpfungsstau an. Wir brauchen *machbare* und *messbare* Meilensteine, damit unser Gehirn den »Move«-Button drückt. Du kannst dein Leben lang verzückt auf ein Plakat des Mount Everest starren. Doch um real auf seinen Gipfel zu gelangen, brauchst du einen Plan, die richtige Ausrüstung, sinnvolle Etappenziele und letztendlich die Bereitschaft, den Weg Schritt für Schritt zu gehen. *Zukunftswerk* hilft dir dabei, aus dem Lager der Träumer*innen in das der Umsetzer*innen zu wechseln. Wir unterscheiden dafür zwischen beflügelnden *Powerzielen*, zweiwöchigen *Sprintzielen* und kristallklaren, täglichen *Powerhandlungen*.

Wichtig: Kein Ziel dieser Welt wird dich vollständiger machen. Es geht beim Zielsetzen letztendlich nicht darum, irgendwo final anzukommen. Es geht vielmehr darum, was du auf dem Weg erfahren und entdecken wirst. Wähle deshalb Ziele, die auf dem Weg deines Herzens liegen.

**Deine Powerziele**

Stell dir die Gesamtvision deines Lebens wie ein großes, farbenprächtiges Gemälde vor. Es anzuschauen, begeistert dich. Doch es kann auch lähmend wirken, da du so viele Ansatzpunkte siehst und nicht weißt, wo du beginnen kannst. Dein Powerziel setzt dich in Bewegung. Es ist ein besonderes, konkretes Ziel, weit außerhalb deiner Komfortzone, für das dein Herz brennt. Die Vorstellung, es zu erreichen, versetzt dich in Begeisterung, gepaart mit Respekt, weil du ahnst, dass du dich dafür ordentlich ins Zeug legen musst. Das Powerziel sollte realistisch innerhalb von drei bis zwölf Monaten erreichbar sein. Es muss im Einklang mit der Gesamtvision deines Lebens stehen, das heißt, seine Umsetzung ist ein bedeutsamer Meilenstein auf dem Weg zur Verwirklichung deiner großen Vision. Bist du in deiner Vision eine erfolgreiche Geschäftsperson, könnte dein Powerziel die Gründung deines Unternehmens sein. Siehst du dich in deiner Vision umgeben von einer glücklichen Familie, ist dein Powerziel eventuell, dich in den nächsten drei Monaten in drei großen Datingportalen einzutragen, mindestens zehn Dates mit interessanten Menschen zu genießen und die Nachricht über deine Beziehungsoffenheit in deinem gesamten Netzwerk zu kommunizieren.

Der Sinn deines Powerziels besteht darin, dich aus deiner Komfortzone zu locken und dein Potenzial zu stimulieren. Es hat einen positiven Dominoeffekt auf deine Gesamtvision, denn dein Unterbewusstsein registriert diesen besonderen Erfolg und schlussfolgert daraus: »Okay, wenn uns das gelingt, können wir alles schaffen.« Bitte mach daraus keine Pflichtnummer. Du musst niemandem etwas beweisen. Es ist ein Geschenk an dich. Welchen Traum würdest du wirklich-wirklich gern realisieren?

*Umsetzung: Auf Seite 36 kannst du dein erstes Powerziel formulieren und jederzeit durch ein weiteres ergänzen.*

**Deine Sprintziele**

Du kennst sicher den Sprint im Sport als Synonym für einen konzentrierten Lauf über eine kurze Strecke. Im agilen Projektmanagement finden wir den Sprint als wichtigen Bestandteil der sogenannten Scrum-Methode. Keine Sorge, das klingt technischer, als es ist. Trotz seiner Ursprünge in der Softwareentwicklung erfreut sich Scrum zunehmend auch in anderen Bereichen großer Beliebtheit. Ich habe den Sprint in dieses Buch übernommen, weil er sich in den heutigen Zeiten hervorragend eignet, um erfolgreich zu manifestieren. Ein Sprint beschreibt eine kurze Zeiteinheit, in der du ein zuvor festgelegtes Zwischenziel konzentriert umsetzt.

Große Ziele, die über einen längeren Zeitraum verfolgt werden, können uns als Leitstern dienen, bergen jedoch auch einige Fallen. Wenn sie für den umsetzenden Part unseres Gehirns immer noch zu weit weg erscheinen, gehen wir nicht los oder wir verzetteln uns auf dem Weg. Langfristige Pläne sind außerdem zu starr. Innerhalb nur eines Monats kann sich heutzutage weltweit und persönlich so viel verändern. Wir müssen lernen, mit dem sich schnell verändernden Strom zu schwimmen und unseren Kurs immer wieder frisch auszurichten. Sprints ermöglichen uns genau das und bewirken außerdem, nicht ständig an alles denken zu müssen. Wir können uns auf eine überschaubare Etappe konzentrieren und so den Weg mehr genießen. Deshalb teilt dieses Buch dein Jahr in 26 Sprints für jeweils zwei Wochen ein.

Ein Sprint besteht für unser *Zukunftswerk* aus drei Abschnitten: Planung, täglicher Check und Review. Zu Beginn eines Sprints erinnerst du dich an deine große Vision und dein aktuelles Powerziel. Du legst drei konkrete Meilensteine oder Sprintziele fest, die im Zeitraum der kommenden zwei Wochen realistisch umsetzbar sind. Während des Sprints nimmst du möglichst keine Veränderungen an deinem Plan vor, damit du ihn in Ruhe realisieren kannst. Solltest du einen Meilenstein eher erreichen, kannst du einen weiteren in den Sprint aufnehmen. Schaffst du einen Meilenstein in der Zeit nicht, kommt er automatisch in die nächsten zwei Wochen. Am Ende eines Sprints feierst du deine Erfolge, korrigierst eventuell den Kurs und legst die nächsten Meilensteine fest. Du wirst verblüfft sein, was du mit dieser Methode innerhalb eines Jahres schaffst.

*Umsetzung: Nachdem du Vision und Powerziel festgelegt hast, kannst du auf Seite 42 deinen ersten Sprint definieren.*

**Deine Powerhandlung**
Natürlich haben wir alle täglich viele Aufgaben zu erledigen. In diesem Buch konzentrieren wir uns auf jeweils ein kristallklares Ziel, das du täglich für die Umsetzung deines Sprintzieles angehst. Du kannst selbstverständlich auch mehrere Ziele aufstellen, doch ich rate dir, strikt darauf zu achten, dass du dich nicht übernimmst und den Prozess irgendwann aus Überforderung frustriert abbrichst. Du wirst erstaunt sein, wie weit du mit einem einzigen deutlichen Schritt pro Tag kommst.

Wähle deine Handlung bewusst. Führe sie in Freude aus. Handle kontinuierlich, also jeden Tag, und du wirst Berge versetzen, ohne dass du es bemerkst.

*Umsetzung:* Es ist wichtig, dass du dich nicht austrickst, indem du immer wieder dieselbe Powerhandlung aufschreibst (etwa Meditation, Buch lesen), sondern wirklich sehr konkrete und auch eventuell unangenehme Handlungen in deinen Alltag integrierst (beispielsweise allein auf ein Networking-Event gehen, sich der Laufgruppe im Park anschließen). Plane sie mithilfe der Kalenderseiten fest in deinen Alltag ein.

### R WIE REFLEXION

Das meiner Erfahrung nach am sträflichsten vernachlässigte Element des Schöpfungskreislaufes ist die Phase der Reflexion. Du kannst dir so viel Ärger ersparen, Zeit und Energie gewinnen, wenn du dir regelmäßig Zeit nimmst, mithilfe einiger guter Fragen deinen Alltag und dein Vorwärtskommen zu reflektieren. Jeder Tag ist eine Schatztruhe an wertvollen Erkenntnissen, die wir ungeöffnet am Straßenrand liegen lassen, wenn wir einfach immer weiterrammeln. Reflexion bringt Tiefenschärfe in deine Wirklichkeit. Du verrennst dich seltener und vermeidest die sinnlose Wiederholung von Fehlern. Durch Reflexion bringst du deinem Leben den Respekt entgegen, den es verdient.

*Umsetzung:* Beantworte aus Liebe zu dir selbst die Fragen im Buch und nutze die leeren Felder, um deine Einsichten festzuhalten.

### G WIE GEWOHNHEITEN

Vielleicht ist dir aufgefallen, dass Gewohnheiten in der Erfolgsformel als ein multiplizierender, also sehr einflussstarker Faktor außerhalb der Klammer aufgeführt werden. Deine aktuelle Realität ist nicht das Ergebnis deiner spektakulären Visionen, sondern deiner schlichten täglichen Gewohnheiten. Du willst dein Leben auf einem neuen Level an Freude, Erfolg, Liebe … erfahren? Dann brauchst du neue Gewohnheiten, die so in Fleisch und Blut übergehen, dass du nicht mehr darüber nachdenken musst.

*Zukunftswerk* verspricht keine spektakulären *Quantensprünge*, aber es kann dich in ein großartiges Leben führen, das durch kleine Gewohnheiten entsteht. Am Anfang mag es so erscheinen, als wenn du damit nicht schnell genug vorankommst. Doch du kannst voll auf den Compound-Effekt[2] vertrauen. Viele kleine, kontinuierliche Schritte erzeugen fast mühelos im Laufe eines Jahres eine exponentielle Wirkung.

---

2 Falls du mehr über den Compound-Effekt lernen möchtest, empfehle ich dir das Buch von Darren Hardy: *Die Gewinnerformel* (Goldmann, 2020).

Willst du ein echtes Wunder? Dann verändere deine Gewohnheiten. Natürlich gäbe es 1001 sinnvolle Gewohnheiten, die du einführen könntest. Doch bitte sorge nicht für die nächste große Selbsttäuschung, indem du versuchst, dein Leben über Nacht vollständig umzukrempeln. Ich habe in den letzten drei Jahrzehnten so gut wie jeden Erfolgs- oder Glücksratgeber gelesen und unzählige Methoden auf ihre Machbarkeit und Wirksamkeit getestet. Ich stelle dir hier die Top 9 der intelligentesten Lebensgewohnheiten vor und hoffe sehr, ich kann dich für sie begeistern. Ich verspreche dir, dass sie dich nicht mehr Zeit und Energie kosten, sondern dir im Gegenteil beides schenken werden. Ich nenne sie gern die »glorreichen Neun«.

**1. Gesunder Schlaf**
Ich könnte dieses gesamte Buch mit einer Lobeshymne über die regenerativen, lebensverlängernden, kreativen und intelligenzsteigernden Aspekte eines guten Schlafes füllen und es würde nicht langweilig werden: Schlaf fördert nicht nur die Erinnerung und Konzentration – ein wichtiger Baustein in unserer Flow-Arbeit –, sondern mindert zudem Stress, stärkt das Immunsystem und sorgt für die Ausbalancierung unserer Stimmung.

**2. Wiederholung, Wiederholung, Wiederholung ...**
Wenn du ein freiheitsliebender Mensch bist, klingt das Wort *Wiederholung* wahrscheinlich nicht besonders sexy für dich. Doch in Wahrheit ist die bewusste Wiederholung von einfachen Handlungen, die dir guttun, extrem smart und sexy. Erstens registriert dein Gehirn alles, was du regelmäßig wiederholst (etwa deine Vision oder deine Absicht), als *wichtig* und speichert es so tief in deinem Unterbewusstsein ab, dass du beginnst, dich automatisch darauf zuzubewegen. Zweitens sparen Wiederholungen zum einen *Energie* (weil dein Gehirn Muster ablegt) und zum anderen *Willenskraft* (weil du nicht ständig neu entscheiden musst, ob du es tust oder nicht). Sei so clever und halte dich an alle Wiederholungen in diesem Buch. Wenn dein System sie nach spätestens dreißig Tagen als Routine abgespeichert hat, werden sie das Fundament für Klarheit, Freiheit und Kreativität.

**3. Dein Date mit dir selbst**
Dieses Buch wird dich einladen, dich einmal pro Monat mit dir selbst zu treffen. Bitte wickle das nicht wie eine lustlose Pflicht ab, sondern gestalte es wie ein liebevolles Date. Führ dich aus, an einen schönen Ort. Verwöhne dich. Feiere deine Erfolge, ehre deine

Niederlagen. Nimm keine Arbeit mit. Geh nicht ans Telefon. Bring dein Zukunftswerk mit. Lies dir deine Gesamtvision durch. Tauche in die Bilder ein. Erinnere dich an das, worum es wirklich geht. Nutze meine monatlichen Visionsimpulse, um dich mit einem speziellen Bereich deines Lebens intensiver auseinanderzusetzen. Mein Tipp: Lege bereits jetzt alle vier Wochen einen Termin fest. Nimm dir mindestens zwei Stunden Zeit oder auch mal einen ganzen Tag, zum Beispiel in einem Wellnessparadies.

**4. Sprintroutine**
Den Sinn der Sprints habe ich dir bereits erklärt (s. Seite 14). Plane jeweils nach zwei Wochen eine etwa einstündige Review plus Neuausrichtung ein.

**5. Morgenroutine**
Schon Hermann Hesse wusste: »Allem Anfang wohnt ein Zauber inne.« Keine Phase des Tages hat mehr Einfluss auf seinen Verlauf als die ersten 15 bis 30 Minuten. Schenke dir diese Zeit für ein organisches Wachwerden, eine Besinnung auf deine wesentliche Absicht und die Ausrichtung auf deine Ziele. Es wirkt Wunder! Auf Seite 39 lade ich dich ein, deine Morgenroutine bewusst zu definieren.

**6. Deep-Flow-Zeiten**
»Veit, wie schaffst du es, eine Company wie homodea zu führen, Kurse zu geben und nebenbei fast jährlich ein Buch zu schreiben?« Das werde ich sehr oft in Interviews gefragt. Hier kommt mein Geheimnis: Deep-Flow-Zeiten. Wie bereits angedeutet, basiert dieses Buch auf essenziellen Grundsätzen der Flow-Forschung. Müsste man sie auf die zwei wichtigsten Prinzipien reduzieren, wären dies:
1. Konzentriere dich auf Themen, die in deinem Gehirn Neurotransmitter wie Dopamin und Noradrenalin, also Begeisterung und Motivation auslösen.
2. Vermeide kognitive Überlastung durch Multitasking, ständige Erreichbarkeit und Social-Media-Ablenkung.

Die meisten Menschen wissen nicht mehr, wie sich hochkonzentriertes Arbeiten im Flow anfühlt. Wusstest du zum Beispiel, dass dein Gehirn, nachdem es durch einen Anruf abgelenkt wird, bis zu einer halben Stunde braucht, um sich wieder voll auf das vor dir liegende Projekt einzulassen?

Finde also mindestens einmal am Tag eine Zeit (optimalerweise vormittags), in der du für 90 Minuten komplett ungestört an einem Projekt deiner Wahl arbeitest, sei es beruflicher oder privater Natur. In dieser Zeit werden keine Nachrichten gecheckt. Das Telefon liegt außerhalb deiner Sicht- und Hörweite. Du surfst nicht im Internet. Du bleibst bei deinem Projekt. Wenn du damit beginnst, wird dein Geist erst einmal herumzappeln und versuchen, Ablenkungen zu finden. Widerstehe dem! Halte die Unruhe aus. Geh erst zum nächsten Projekt über, wenn das erste abgeschlossen ist. Ich versichere dir, dass du nach einer Woche begeistert sein wirst, weil du so viel schneller und tiefer arbeiten kannst und fast automatisch in den Zustand des Flows kommst. Es kann sein, dass du kreativ sein musst, um dir diese Zeit freizuschaufeln. Du wirst deine Familienangehörigen oder Kolleg*innen dazu »erziehen« müssen, dich in dieser Zeit auf gar keinen Fall anzusprechen. Falls du einen Chef hast, der dies nicht einsieht, richte ihm Grüße von mir aus: Du wirst (und das ist wissenschaftlich bewiesen) deine Effektivität um 200 bis 500 Prozent steigern. Nicht nur das, du wirst viel mehr Freude bei dem empfinden, was du tust. Am besten ist, wenn deine Deep-Flow-Phasen täglich zur selben Zeit stattfinden können. Wähle am Tag davor, was du in der nächsten Phase angehen wirst. Fang mit einer Deep-Flow-Zeit pro Tag an. Wenn du auf den Geschmack kommst, richte eine zweite ein.

**7. Powerhandlung**
Über die Bedeutung der Powerhandlung haben wir bereits gesprochen (s. Seite 15). Du musst nicht jeden Tag einen Drachen für deine Vision erlegen. Doch du brauchst den Strom bewusster, kontinuierlicher Handlungen in Richtung deiner Wunschrealität. Du kannst diese Handlung in deiner Deep-Flow-Zeit oder außerhalb durchführen. Plane die unbequemen Powerhandlungen für den Beginn der Woche ein und verlege die schönen ins Wochenende. Übrigens: »Ich lese 20 Seiten in einem inspirierenden Buch zum Thema meines Powerzieles« oder »Ich leihe mir heute mein Traumauto aus und mache eine Spritztour, um mich daran zu gewöhnen« sind ebenfalls absolut legitime Powerhandlungen.

**8. Nichtstun**
Es scheint verrückt, dass wir uns daran erinnern müssen! Nichtstun ist ein hochkreativer, heilsamer Zustand. Gewöhne dir daher an, mindestens einmal am Tag wirklich nichts zu tun. Konsumiere in dieser Zeit auch keine Medien oder Bücher. Beginne mit fünf Minuten, wenn es dir schwerfällt. Sitz einfach da. Geh spazieren oder in die Sauna. Tu mindestens einmal am Tag etwas, was dir einfach »nur« Freude bereitet. Sei es dir wert.

**9. Abendroutine**

Ein Tag ist (eigentlich) ein in sich geschlossener Kreislauf. Wenn wir ihn nicht sauber vollenden, lassen wir wichtige Erkenntnisse ungenutzt zurück und schleppen unerlösten geistigen Ballast mit in unsere Träume und von dort in den nächsten Tag. Schaffe dir dein maßgeschneidertes Vollendungsritual, um dankbar schöne Momente, Erfolge und Lektionen zu würdigen und den Kreis bewusst zu schließen. Programmiere so dein Unterbewusstsein darauf, gut zu schlafen, dich nachts zu heilen und Lernprozesse abzuschließen.

Auf Seite 40 lade ich dich ein, deine Abendroutine bewusst zu definieren.

**Ein Ratschlag von Herzen**

Der Untertitel dieses Buches lautet »Das beste Jahr deines Lebens«. Wenn du es damit ernst meinst, tu dir selbst einen Gefallen und beschließe jetzt, dass du diese neun Gewohnheiten ohne Wenn und Aber fest in deinem Alltag etablierst. Zu Beginn musst du dich wahrscheinlich noch daran erinnern, doch nach etwa 30 Tagen werden sie zu automatischen Gewohnheiten. Um sicherzustellen, dass du bis dahin durchhältst, informiere heute noch drei gute Freund*innen über dein Vorhaben und bitte sie, an einem Tag pro Woche nachzufragen:

Person 1: ............................................... Wann: ...............................................

Person 2: ............................................... Wann: ...............................................

Person 3: ............................................... Wann: ...............................................

Wenn die glorreichen Neun nach zwei Monaten nicht zu signifikanten Erfolgen geführt haben, verwirf sie meinetwegen wieder. Doch ich garantiere dir, haben sie sich erst einmal in feste Routinen verwandelt, über die du nicht mehr nachdenken musst, wirst du sie lieben!

*Dein Leben ist nicht das Ergebnis von spontanen Hauruckaktionen, sondern von täglichen Gewohnheiten. Neue Gewohnheiten = neues Leben.*

## G WIE GEGENWART

Am Ende der Formel steht nicht nur ein G, sondern zwei, denn außer deinen Gewohnheiten gibt es einen weiteren mächtigen Faktor für die Qualität deines Lebens: die Gegenwart. *Jetzt* ist alles, was wir haben, und niemand weiß, wie lange wir es haben. Viele Menschen hängen sich Ziele wie eine Möhre vor die Nase, rennen ihnen dann besessen hinterher und verpassen den Weg. Lerne, Visionen und Ziele fein dosiert einzusetzen, doch vor allem so viele Augenblicke wie möglich bewusst zu erfahren.

*Umsetzung: Bevor du deine Wunschzukunft formulierst, komm wertschätzend in deiner Gegenwart an (s. Seite 24). Zusätzlich erwartet dich einmal im Monat eine Meditationsempfehlung, die du über unsere App nutzen kannst und die dir ebenfalls dabei hilft, im Hier und Jetzt anzukommen.*

## X WIE DIE *EINE* SACHE

Wer sich in der psychospirituellen Szene umschaut und bereits einige Ratgeberbücher gelesen hat, kann sich schnell verwirrt und unter Druck gesetzt fühlen. Es gibt eine enorme Vielfalt an Tipps und Methoden, die sich zum Teil auch noch widersprechen. Die Folge: Am Ende machen wir dann vielleicht gar nichts mehr. Folgende Frage kann dir zu Klarheit verhelfen:

> »Was wäre die *eine* Sache[3], die ich heute umsetzen kann und die mich wirksam weiterbringt?«

Ich werde dir diese Frage zwischendurch immer wieder stellen. Konkret könnte diese Frage für dich zum Beispiel lauten: »Was wäre die eine Sache, mit der ich meinen Liebsten in dieser Woche am deutlichsten zeigen kann, wie sehr ich sie liebe?«

Ich empfehle dir auch, diese Frage zu nutzen, um deine tägliche Powerhandlung auszuwählen: »Was wäre die eine Powerhandlung für heute, die mich meinem Sprintziel signifikant näher bringt?«

Ich freue mich sehr, dass vierundzwanzig wunderbare Persönlichkeiten und Expert*innen meiner Bitte gefolgt sind und dieses Buch mit ihrem Wissen bereichern. Ich bat sie, *eine* Sache aus ihrem Spezialgebiet, die eine große, positive Wirkung auf dein Leben haben kann, mit dir zu teilen.

---

3  Gary Keller: *The One Thing: Die überraschend einfache Wahrheit über außergewöhnlichen Erfolg* (Redline, 2017)

# Dein Start

Jetzt bist du dran!

**Schritt 1: Beschreibe deinen letzten Tag des Jahres**
Das mag erst einmal ungewöhnlich klingen. Doch dieses Buch ist ja ein Drehbuch. Mach etwas Verrücktes und beginne mit der letzten Seite. Stell dir vor, du reist 364 Tage in die Zukunft und dieses Jahr ist super für dich gelaufen! Blättere vor auf Seite 41 und beschreibe von deinem heutigen Standpunkt aus, wofür du am Ende dieses Jahres dankbar bist.

**Schritt 2: Plane dein Zukunftswerk**
Nimm dir ausreichend Zeit, auf den folgenden Seiten zunächst dein gegenwärtiges Leben anzuerkennen und dann das Drehbuch für deine Zukunft zu schreiben. Ich empfehle dir, mindestens zwei Stunden dafür einzuplanen und einen angemessenen Rahmen für diese bedeutsame Wahl zu schaffen. Sorge dafür, dass du nicht gestört wirst. Leg dir eine Musik auf, die deinen Geist beflügelt. Vielleicht zündest du zur Feier eine Kerze an. Begegne diesem Ritual mit lässigem Respekt. Erstarre nicht in Ernsthaftigkeit, sei dir aber zugleich dessen bewusst, dass das, was du auf diesen Seiten schreibst, die Weichen für die kommenden Jahre deines Lebens stellt. Schieb dabei die Frage, *wie* du all deine Wünsche konkret umsetzen kannst, erst einmal beiseite. Darum kümmern wir uns gemeinsam, und zwar ganz in Ruhe, zwölf Monate lang. An dieser Stelle heißt es erst einmal, kühn und frei zu träumen.

**Schritt 3: Visualisiere dein Zukunftswerk**
Ein Vision Board dient als Projektionsfläche für dein Unterbewusstsein. Es stimuliert unsere Kreativität, wenn wir unsere Träume auch extern auf eine größere Fläche proji-

zieren, etwa auf ein Flipchart oder eine Leinwand. Ins Zentrum platzierst du ein Wort oder Bild, das für dich die Essenz deiner Vision verkörpert. Darum herum legst du nun eine Collage aus Fotos, Schlagworten, Fragen und Ideen an. Das kann – je nach Geschmack – strukturiert bis chaotisch aussehen. Die zentrale Idee eines Vision Boards ist es, dir zu ermöglichen, deinen inneren Schöpfungsprozess auf einer äußeren Fläche widerzuspiegeln. Positioniere es so an deinem Wohnort, dass du mehrmals täglich daran vorbeikommst. Bleib immer wieder einige Minuten davor stehen, lass es wirken, verändere oder ergänze es. Diese Rückkoppelung stimuliert deinen Geist und verankert deine Pläne in deinem Unterbewusstsein.

**Schritt 4: Belebe das Buch**
Dieses Buch freut sich darauf, von dir belebt zu werden. Formuliere dein Powerziel, plane deine Sprints. Halte deine Erkenntnisse und Ideen schriftlich fest. Bemale die Ränder. Klebe inspirierende Bilder hinein. Es ist **dein** Zukunftswerk!

# Das Drehbuch deines Lebens

### IN DER GEGENWART ANKOMMEN

Bevor du deinen Blick in die Zukunft richtest, ist es wichtig, in der Gegenwart anzukommen. So aktivierst du das Gesetz der Anerkennung, denn:

*Wir verändern uns nicht, indem wir versuchen, etwas anderes zu sein, sondern indem wir bewusst anerkennen, wer wir jetzt sind.*

Folgende Fragen helfen dir dabei:
*Auf welche inneren und äußeren Aspekte deines Lebens bist du stolz und dankbar dafür und du willst sie unbedingt beibehalten oder sogar vermehren?*

............................................................................................................................

............................................................................................................................

*Welche inneren und äußeren Aspekte deines Lebens nerven dich und du willst sie unbedingt verändern oder loslassen?*

............................................................................................................................

............................................................................................................................

## MEINE LEBENSBLUME

Geh in den Onlinebereich (s. Anhang) und fülle den Lebensblume-Test aus. Er vermittelt dir einen ausführlichen Überblick über dein aktuelles Leben. Er zeigt dir, welche Bereiche bereits gut entwickelt sind und welche nach deiner Aufmerksamkeit rufen. Im Anschluss bekommst du deine Lebensblume angezeigt. Drucke sie aus und klebe sie hierhin:

## WENN ALLES MÖGLICH WÄRE

Stell dir vor, wirklich alles wäre in diesem Jahr möglich, du hättest das Recht, dir alles zu wünschen, du würdest dein volles Potenzial entfalten und von vielen Seiten wertvolle Unterstützung bekommen – was hättest du am Ende des Jahres erreicht? Schreibe in der Zeitform der Gegenwart, so als wenn heute bereits der letzte Tag des Jahres wäre.

*In diesem besten Jahr meines Lebens habe ich Folgendes erreicht und erfahren:*

## FREUDE, SCHÖNER GÖTTERFUNKEN

Freude ist dein Geburtsrecht. Folge in diesem Jahr der Freude. Selbst wenn du noch nicht weißt, was das alles bedeutet.

Was bereitet dir alles Freude? Wovon willst du in diesem Jahr viel und tief erfahren? Lass dich nicht von Zweifeln abhalten.

*Wenn Freude mein Geburtsrecht ist, dann wünsche ich mir in diesem Jahr:*

# Wofür lebst du?

Auf den folgenden Seiten geht es um das *Wofür* deines Lebens. Es geht nicht um das *Was* (deine Ziele) und es geht auch nicht um das *Wie* (deine Strategie). Es geht um die großen Fragen: Wofür tust du das alles? Warum stehst du am Morgen auf? Worin besteht für dich der tiefere Sinn deines Lebens?

### DEINE VORBILDER

Benenne drei bis sieben deiner Vorbilder (lebend oder bereits verstorben). Was ist die eine Sache, wofür du diese Menschen jeweils am meisten bewunderst?

*Ich bewundere folgende Menschen dafür, dass ...*

1. .................................................................................................................................

   .................................................................................................................................

2. .................................................................................................................................

   .................................................................................................................................

3. .................................................................................................................................

   .................................................................................................................................

4. ....................................................................................................................

....................................................................................................................

5. ....................................................................................................................

....................................................................................................................

6. ....................................................................................................................

....................................................................................................................

7. ....................................................................................................................

....................................................................................................................

Es ist kein Zufall, dass dich diese Menschen berühren. Du siehst etwas in ihnen, was auch dir sehr wichtig ist, egal, ob du es bereits lebst oder noch nicht. Was ist das?

*Mir ist in diesem Leben wichtig, dass ...*

................................................................................................................................

................................................................................................................................

................................................................................................................................

................................................................................................................................

................................................................................................................................

................................................................................................................................

## DEIN WERTEKODEX

Wir Menschen sind hoch komplexe Wesen, emotional leicht manipulierbar, mit sich zum Teil stark widersprechenden Bedürfnissen. Um uns nicht zu verrennen, brauchen wir innere Leitlinien. Was du brauchst, um deinem *Wofür* treu zu sein, sind Werte – Tugenden, die dir so heilig sind, dass du dein gesamtes Verhalten daran ausrichtest. Du findest im Onlinebereich (s. Anhang) eine große Liste von Werten, um dich zu inspirieren.

---

**MEDITATIONSTIPP**

*»Im Tempel deiner Werte«*

siehe App

---

*An welchen acht Werten möchtest du dich in diesem Jahr ausrichten?*

Wert 1: ................................................................

Wert 2: ................................................................

Wert 3: ................................................................

Wert 4: ................................................................

Wert 5: ................................................................

Wert 6: ................................................................

Wert 7: ................................................................

Wert 8: ................................................................

*Wo kannst du dir diese Werte hinhängen, sodass du sie täglich liest?*

..................................................................................................

..................................................................................................

..................................................................................................

*Was bedeuten diese Werte für dich?*

..................................................................................................

..................................................................................................

..................................................................................................

*Was wird passieren, wenn du dein Leben an deinen Werten ausrichtest?*

..................................................................................................

..................................................................................................

..................................................................................................

*Wen möchtest du über deine Werte informieren?*

..................................................................................................

..................................................................................................

..................................................................................................

## DEINE GRABREDE

Stell dir vor – egal, wie alt du bist –, du startest in diesem Jahr noch einmal richtig durch. Du entfaltest dein volles Potenzial. Du bekennst dich zu deinen Werten. Du lebst deine Wahrheit. Bis du am Ende dieses Lebens glücklich und verwirklicht stirbst. Was für ein Mensch wirst du dann sein? Schreibe eine Grabrede, die eine*r deine*r besten Freund*innen für dich dann genau so halten könnte. Denke daran, dass bis zum Ende noch alles möglich ist. Die offenen Sätze sind eine Anregung.

**Grabrede für** ................................................................... **(dein Name)**

.................................... **starb glücklich und frei, weil er/sie im Leben Folgendes fand:**

..........................................................................................................................

..........................................................................................................................

**Das lebenslange Credo, das wichtigste Motto von** ........................................ **lautete:**

..........................................................................................................................

..........................................................................................................................

**Er/sie lebte dieses Credo, indem er/sie ...**

..........................................................................................................................

..........................................................................................................................

**Die drei schönsten Eigenschaften, die wir alle mit** ........................ **verbinden, sind:**

..........................................................................................................................

..........................................................................................................................

.................................. hinterlässt die Welt besser und schöner, indem er/sie ...

..................................................................................................................................

.................................. hat das Leben vieler Menschen bereichert, indem er/sie ...

..................................................................................................................................

..................................................................................................................................

.................................. hat zur Lösung des folgenden Problems der Menschheit beigetragen:

..................................................................................................................................

..................................................................................................................................

Er/sie hat das geschafft, indem er/sie ...

..................................................................................................................................

..................................................................................................................................

Der tiefste Sinn seines/ihres Lebens war ...

..................................................................................................................................

..................................................................................................................................

Vielleicht hat dich deine Grabrede elektrisiert. Eventuell hat sie dich auch etwas traurig gemacht, weil du deine tiefste Wahrheit noch nicht vollständig lebst. Das ist nicht schlimm, deshalb bist du ja hier. Heute ist der Beginn deines neuen Lebens!

# Die Vision deines Lebens

Warum eine Gesamtvision für dein Leben so bedeutsam ist, habe ich dir auf Seite 12 erklärt. Jetzt bist du dran, die Vision für dein Leben zu kreieren. Es geht hier noch nicht um 100 Prozent exakte Ziele, sondern eher um ein Gesamtgemälde für dein Leben. Hier einige Tipps:

- Nutze die aktive Visionsmeditation im Onlinebereich (s. Anhang), um dich zu energetisieren, bevor du schreibst.
- Bedenke, dass wirklich noch viel, viel mehr möglich ist, als du bisher erfahren hast. Träume groß und vergiss, wie du dahin kommst.
- Nimm die zwölf Bereiche unserer Lebensblume als Orientierung und frage dich: Was müsste in dem jeweiligen Blütenblatt geschehen, damit du ihm eine volle 10 gibst? Schreibe in der Gegenwart.
- Beziehe mit ein, was du in deinem Wunschleben *hast* (besitzt), wer du *bist* und was du *machst*.

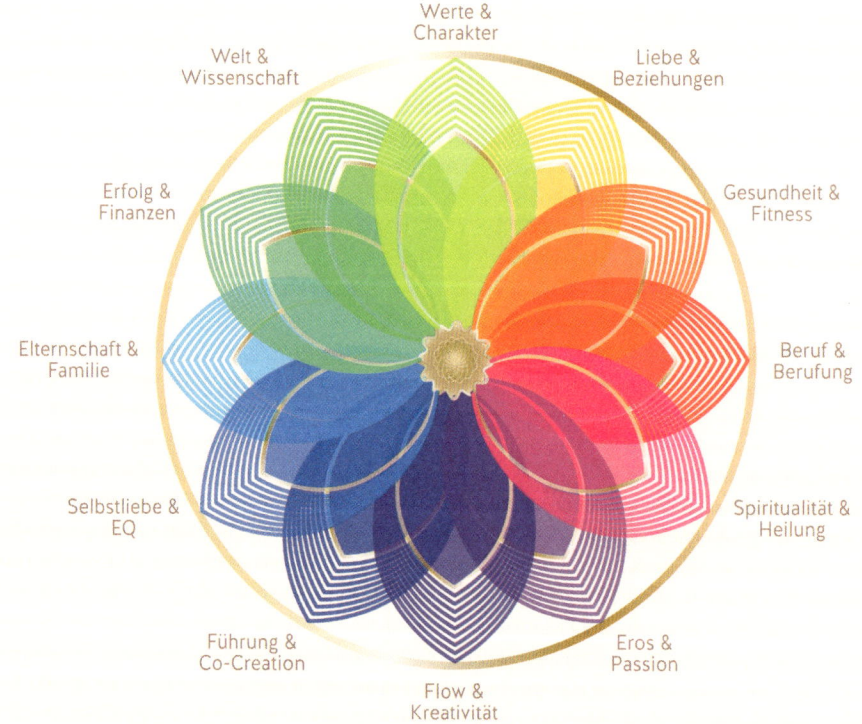

*Wenn heute der Beginn eines neuen Abschnitts meines Lebens ist und wenn alles möglich wäre, dann ...*

# Dein Powerziel

Die Bedeutung deines Powerziels kannst du auf Seite 14 nachlesen. Du hast sicher mehrere Ziele. Sie werden sich alle gegenseitig fördern. Dein Powerziel ist der Gamechanger, der Turbo für deine gesamte Vision. Lass dir Zeit bei der Auswahl. Entscheide dich für das Ziel, das dein Herz am meisten berührt. Dein Powerziel muss *konkret, positiv, emotional berührend* und *gegenwärtig* formuliert sein. Es sollte auf ein Datum festgelegt und messbar sein. Das bedeutet, du weißt ganz sicher, wenn du es erreicht hast. Ein Powerziel könnte zum Beispiel so lauten: *»Ich freue mich riesig, weil ich heute, am 30. März 2023, ein brillantes, überzeugendes Exposé für mein Buch an zehn Verlage abgeschickt habe.«* Oder so: *»Ich feiere am 1. Mai 2023, dass ich endlich einen Job in meiner Traumcompany bekommen habe und hier meine Talente in Freude und gut bezahlt (Gehalt = ...) entfalten kann.«*

Ich empfehle dir, ein Ziel zu wählen, das im Zeitraum von drei bis zwölf Monaten realistisch zu schaffen ist. Aufstocken (in der Größe) kannst du immer noch, wenn es gut anläuft. Du kannst weitere Powerziele aufschreiben, **wenn** du das erste erreicht hast.

*Ich wähle als mein erstes Powerziel:*

..........................................................................................................................

..........................................................................................................................

..........................................................................................................................

..........................................................................................................................

*Warum ist dir dieses Powerziel so wichtig?*

1. Weil ....................................................................................................................

2. Weil ....................................................................................................................

3. Weil ....................................................................................................................

*Ich wähle als mein zweites Powerziel:*

.................................................................................................................

.................................................................................................................

.................................................................................................................

.................................................................................................................

*Warum ist dir dieses Powerziel so wichtig?*

1. Weil .......................................................................................................

2. Weil .......................................................................................................

3. Weil .......................................................................................................

*Ich wähle als mein drittes Powerziel:*

.................................................................................................................

.................................................................................................................

.................................................................................................................

.................................................................................................................

*Warum ist dir dieses Powerziel so wichtig?*

1. Weil .......................................................................................................

2. Weil .......................................................................................................

3. Weil .......................................................................................................

# Deine Glücksroutinen

Über Sinn und Wirksamkeit von Routinen habe ich auf Seite 16 geschrieben. Auf diesen Seiten bist du nun eingeladen, deine eigenen Rituale für den Morgen, den Abend und die Deep-Flow-Zeiten festzulegen. Ich teile mit dir meinen Ablauf als Inspiration. Baue dir deine maßgeschneiderte Routine und wähle dann, sie dir zuliebe tatsächlich täglich einzuhalten.

**Meine Morgenroutine**
- aufstehen, kurz dehnen
- 0,5 Liter lauwarmes Wasser trinken
- 10–20 Minuten stille Achtsamkeitsmeditation
- 5–10 Minuten Visualisierung meiner Vision, des Powerziels und wie ich den Tag erfahren möchte
- meine wichtigste Absicht für heute formulieren (z. B. »Heute schaue ich mit mildem Auge auf mich und die Welt«) und diese mindestens dreimal langsam und laut aussprechen
- weitere Möglichkeiten: geführte Meditationen, sanftes oder energetisierendes Yoga, Spaziergang, Teezeremonie

**Meine Deep-Flow-Zeit**
- meist direkt nach der Morgenroutine, etwa 90 Minuten
- Kaffee, grüner Tee, Stille
- kein Handy, keine E-Mails, kein Sprechen

- konzentriertes Arbeiten an einem Projekt
- Powerhandlung für den nächsten Tag wählen und prüfen, ob ich dafür etwas vorbereiten muss
- Powerhandlung für diesen Tag durchführen
- mindestens 20 Minuten Pause
- eventuell noch eine Deep-Flow-Zeit

**Meine Abendroutine**
- keine Bildschirme mehr ab eine Stunde vor dem Einschlafen
- 10–15 Minuten stille Achtsamkeitsmeditation oder Herz-Kohärenz-Meditation
- 5 Minuten innerlich aufzählen: Wofür bin ich heute dankbar? Was waren kleine und große Erfolge?
- Meist visualisiere ich in den letzten Minuten (wenn ich schon am Wegdriften bin) einen schönen Teilaspekt meiner Vision und beauftrage meinen Körper und meine Seele, in der Nacht zu heilen.
- weitere Möglichkeiten: geführte Meditationen zum Träumen und Einschlafen

---

**MEDITATIONSTIPPS
FÜR DEIN MORGEN- UND ABENDRITUAL**

*»Aufwachmeditation. Selbstliebe am Morgen« und »Einschlafmeditation. Selbstliebe für die Nacht«*

*siehe App*

## ICH WÄHLE ALS MEINE ROUTINEN

*Morgenroutine*

..................................................................................................................................

..................................................................................................................................

..................................................................................................................................

..................................................................................................................................

..................................................................................................................................

*Deep-Flow-Zeit*

..................................................................................................................................

..................................................................................................................................

..................................................................................................................................

..................................................................................................................................

*Abendroutine*

..................................................................................................................................

..................................................................................................................................

..................................................................................................................................

..................................................................................................................................

..................................................................................................................................

# Dein Wunsch für dieses Jahr

Reise in Gedanken in die Zukunft. Stell dir vor, heute ist der letzte Tag dieses besonderen Jahres angebrochen. Es war ein gutes Jahr für dich. Du schaust dankbar zurück. Du hast dazugelernt. Du bist über dich hinausgewachsen und viele deiner Träume sind in Erfüllung gegangen. Beschreibe, wofür du dankbar bist, was sich verändert hat und wer du heute als Mensch bist.

*Ich schaue auf mein Jahr zurück und bin sehr dankbar, weil ...*

................................................................................................................
................................................................................................................
................................................................................................................
................................................................................................................
................................................................................................................
................................................................................................................

# DEIN SPRINT

## FÜHLE DEIN POWERZIEL!

Lege deine Lieblingsmusik auf, die dir Kraft spendet und zum Träumen einlädt. Blättere auf Seite 36 und tauche voll in dein Ziel ein, so als wäre es bereits verwirklicht.

*Was oder wer könnte dich in den kommenden 14 Tagen auf deinem Weg zu diesem Ziel wirksam stärken, inspirieren, unterstützen?*

........................................................................................................................................

........................................................................................................................................

### SPRINTZIEL 1

*Das werde ich in diesem kommenden Sprint für mein Powerziel umsetzen:*

........................................

........................................

........................................

### SPRINTZIEL 2

*Das werde ich in diesem kommenden Sprint für meine Gesamtvision umsetzen:*

........................................

........................................

........................................

### SPRINTZIEL 3

*Das werde ich in diesem kommenden Sprint für meine pure Freude umsetzen:*

........................................

........................................

........................................

---

### SPRINTCHECK

- Ich kann meine Sprintziele in diesem Zeitraum realistisch umsetzen.
- Meine Sprintziele fordern mich ausreichend heraus.
- Meine Sprintziele unterstützen mein Powerziel, meine Gesamtvision und meine Freude.

## WOCHE 01 DATUM ..............................

### MONTAG:
- Schlafqualität: ............................
- Powerhandlung: ............................
- Deep-Flow-Zeiten: ............................
- Zeit für mich: ............................
- ▪ Morgenritual   ▪ Abendritual

### DIENSTAG:
- Schlafqualität: ............................
- Powerhandlung: ............................
- Deep-Flow-Zeiten: ............................
- Zeit für mich: ............................
- ▪ Morgenritual   ▪ Abendritual

### MITTWOCH:
- Schlafqualität: ............................
- Powerhandlung: ............................
- Deep-Flow-Zeiten: ............................
- Zeit für mich: ............................
- ▪ Morgenritual   ▪ Abendritual

### DONNERSTAG:
- Schlafqualität: ............................
- Powerhandlung: ............................
- Deep-Flow-Zeiten: ............................
- Zeit für mich: ............................
- ▪ Morgenritual   ▪ Abendritual

### MEINE ABSICHT

............................................
............................................
............................................
............................................

WO ZIEHST DU IN DEINEM LEBEN DIE GRENZE ZWISCHEN *MÖGLICH* UND *UNMÖGLICH?* UND IST ES ZEIT, DIESE WIEDER EINMAL ZU VERSCHIEBEN?

..................

..................

..................

..................

..................

### GEISTESBLITZE

..................

..................

..................

**SONNTAG:**
- Schlafqualität:..................
- Powerhandlung:..................
- Deep-Flow-Zeiten:..................
- Zeit für mich:..................
- Morgenritual   ■ Abendritual

**SAMSTAG:**
- Schlafqualität:..................
- Powerhandlung:..................
- Deep-Flow-Zeiten:..................
- Zeit für mich:..................
- Morgenritual   ■ Abendritual

**FREITAG:**
- Schlafqualität:..................
- Powerhandlung:..................
- Deep-Flow-Zeiten:..................
- Zeit für mich:..................
- Morgenritual   ■ Abendritual

## WOCHE 02 DATUM ..........................................

**MONTAG:**
- Schlafqualität: ............................
- Powerhandlung: ............................
- Deep-Flow-Zeiten: ............................
- Zeit für mich: ............................
- Morgenritual  ▪ Abendritual

**DIENSTAG:**
- Schlafqualität: ............................
- Powerhandlung: ............................
- Deep-Flow-Zeiten: ............................
- Zeit für mich: ............................
- Morgenritual  ▪ Abendritual

**MITTWOCH:**
- Schlafqualität: ............................
- Powerhandlung: ............................
- Deep-Flow-Zeiten: ............................
- Zeit für mich: ............................
- Morgenritual  ▪ Abendritual

**DONNERSTAG:**
- Schlafqualität: ............................
- Powerhandlung: ............................
- Deep-Flow-Zeiten: ............................
- Zeit für mich: ............................
- Morgenritual  ▪ Abendritual

**MEINE ABSICHT**

............................................
............................................
............................................
............................................

## WEISST DU, WIE EINZIGARTIG SCHÖN DU BIST?

........................................

........................................

........................................

........................................

........................................

## GEISTESBLITZE

........................................

........................................

........................................

### SONNTAG:
- Schlafqualität:........................................
- Powerhandlung:........................................
- Deep-Flow-Zeiten:........................................
- Zeit für mich:........................................
- Morgenritual   ▪ Abendritual

### SAMSTAG:
- Schlafqualität:........................................
- Powerhandlung:........................................
- Deep-Flow-Zeiten:........................................
- Zeit für mich:........................................
- Morgenritual   ▪ Abendritual

### FREITAG:
- Schlafqualität:........................................
- Powerhandlung:........................................
- Deep-Flow-Zeiten:........................................
- Zeit für mich:........................................
- Morgenritual   ▪ Abendritual

# Ich kann das ~~nicht~~

*Impuls*  Wo auch immer du gerade von dir denkst, dass du etwas nicht kannst, tu dir einen Gefallen und streich das »nicht«.
Ja, du weißt vielleicht noch nicht, wie es gehen soll.
Ja, du bist schon ein paarmal auf die Nase gefallen.
Ja, du hast Angst vor dem Unbekannten.
Ja, du hast »Freund*innen«, die auch nicht glauben, dass du es kannst.
Na und?!
Du kannst es.
Denn du wirst die Lösung finden. Du wirst wieder aufstehen. Du wirst das Unbekannte genießen lernen. Du wirst auf Menschen treffen, die an dich glauben, wenn du es tust.
In jedem menschlichen Gehirn sind zwei Programme angelegt: das auf den alten Grenzen beharrende Fixed Mindset und das neugierige, potenzialfördernde Growth Mindset. Der Schlüssel zum Umschalten? Das Wort NICHT.
Aus »Ich darf das nicht« wird »Ich darf das«.
Aus »Ich kann das nicht« wird »Ich kann das«.
Aus »Ich weiß das nicht« wird »Ich weiß das«.
Probier es aus. Lass es einfach mal eine Weile weg. Und dann gib deinem Gehirn die Zeit, die Lösung zu erschaffen beziehungsweise alles anzuziehen, was es noch dafür braucht.
Du kannst das!
Ich glaube an dich.

## MEINE RÜCKSCHAU FÜR DIE LETZTEN 14 TAGE

Ich habe Sprintziel 1 erreicht:  Ja ☐  Nein ☐

Ich habe Sprintziel 2 erreicht:  Ja ☐  Nein ☐

Ich habe Sprintziel 3 erreicht:  Ja ☐  Nein ☐

**DAS LIEF IN DIESEM SPRINT SEHR GUT:**

**DAS WILL ICH IM NÄCHSTEN SPRINT VERBESSERN:**

**MEINE WERTVOLLSTEN ERKENNTNISSE:**

**ICH BIN DANKBAR FÜR:**

# DEIN SPRINT

## FÜHLE DEIN POWERZIEL!

Lege deine Lieblingsmusik auf, die dir Kraft spendet und zum Träumen einlädt. Blättere auf Seite 36 und tauche voll in dein Ziel ein, so als wäre es bereits verwirklicht.

*Was oder wer könnte dich in den kommenden 14 Tagen auf deinem Weg zu diesem Ziel wirksam stärken, inspirieren, unterstützen?*

..................................................................................................................................................

..................................................................................................................................................

### SPRINTZIEL 1

*Das werde ich in diesem kommenden Sprint für mein Powerziel umsetzen:*

### SPRINTZIEL 2

*Das werde ich in diesem kommenden Sprint für meine Gesamtvision umsetzen:*

### SPRINTZIEL 3

*Das werde ich in diesem kommenden Sprint für meine pure Freude umsetzen:*

### SPRINTCHECK

- Ich kann meine Sprintziele in diesem Zeitraum realistisch umsetzen.
- Meine Sprintziele fordern mich ausreichend heraus.
- Meine Sprintziele unterstützen mein Powerziel, meine Gesamtvision und meine Freude.

**WOCHE  03  DATUM** ..................................

**MONTAG:**
- Schlafqualität: ..................................
- Powerhandlung: ..................................
- Deep-Flow-Zeiten: ..................................
- Zeit für mich: ..................................
- Morgenritual     ▪ Abendritual

**MEINE ABSICHT**

..................................

..................................

..................................

..................................

**DIENSTAG:**
- Schlafqualität: ..................................
- Powerhandlung: ..................................
- Deep-Flow-Zeiten: ..................................
- Zeit für mich: ..................................
- Morgenritual     ▪ Abendritual

**MITTWOCH:**
- Schlafqualität: ..................................
- Powerhandlung: ..................................
- Deep-Flow-Zeiten: ..................................
- Zeit für mich: ..................................
- Morgenritual     ▪ Abendritual

**DONNERSTAG:**
- Schlafqualität: ..................................
- Powerhandlung: ..................................
- Deep-Flow-Zeiten: ..................................
- Zeit für mich: ..................................
- Morgenritual     ▪ Abendritual

### WO IST DAS ABENTEUER IN DEINEM LEBEN?

..................................................

..................................................

..................................................

..................................................

..................................................

..................................................

### GEISTESBLITZE

..................................................

..................................................

..................................................

**SONNTAG:**
- Schlafqualität: ...................
- Powerhandlung: ...................
- Deep-Flow-Zeiten: ...................
- Zeit für mich: ...................
- Morgenritual     ■ Abendritual

**SAMSTAG:**
- Schlafqualität: ...................
- Powerhandlung: ...................
- Deep-Flow-Zeiten: ...................
- Zeit für mich: ...................
- Morgenritual     ■ Abendritual

**FREITAG:**
- Schlafqualität: ...................
- Powerhandlung: ...................
- Deep-Flow-Zeiten: ...................
- Zeit für mich: ...................
- Morgenritual     ■ Abendritual

# WOCHE 04 DATUM ..................................................

### MONTAG:
- Schlafqualität: ..................................
- Powerhandlung: ..................................
- Deep-Flow-Zeiten: ................................
- Zeit für mich: ....................................
- Morgenritual  ▪ Abendritual

### MEINE ABSICHT

..................................................

..................................................

..................................................

..................................................

### DIENSTAG:
- Schlafqualität: ..................................
- Powerhandlung: ..................................
- Deep-Flow-Zeiten: ................................
- Zeit für mich: ....................................
- Morgenritual  ▪ Abendritual

### MITTWOCH:
- Schlafqualität: ..................................
- Powerhandlung: ..................................
- Deep-Flow-Zeiten: ................................
- Zeit für mich: ....................................
- Morgenritual  ▪ Abendritual

### DONNERSTAG:
- Schlafqualität: ..................................
- Powerhandlung: ..................................
- Deep-Flow-Zeiten: ................................
- Zeit für mich: ....................................
- Morgenritual  ▪ Abendritual

## WAS WILLST DU HEUTE NEUES LERNEN?

..................................................

..................................................

..................................................

..................................................

..................................................

## GEISTESBLITZE

..................................................

..................................................

..................................................

**SONNTAG:**
- Schlafqualität:..........................................
- Powerhandlung:........................................
- Deep-Flow-Zeiten:....................................
- Zeit für mich:............................................
- Morgenritual     ■ Abendritual

**SAMSTAG:**
- Schlafqualität:..........................................
- Powerhandlung:........................................
- Deep-Flow-Zeiten:....................................
- Zeit für mich:............................................
- Morgenritual     ■ Abendritual

**FREITAG:**
- Schlafqualität:..........................................
- Powerhandlung:........................................
- Deep-Flow-Zeiten:....................................
- Zeit für mich:............................................
- Morgenritual     ■ Abendritual

# Wahrheit zeigt dir den Weg

*Impuls*

»Was ist mein Ruf? Was kann ich tun? Was ist der nächste Schritt?« Früher haben mir diese Phasen des Nichtwissens Angst gemacht. Wenn ich einfach nicht um die nächste Ecke des Weges herumschauen konnte. Ich wollte *erst* wissen und dann losgehen.

Heute weiß ich, was Kafka mit dem Satz meinte: »Dein Weg legt sich dir unter die Füße.« Er will von uns Schritt für Schritt erkundet und durchdrungen werden.

Was mir hilft, Klarheit in undurchsichtige Passagen zu bringen, ist, mir selbst und eventuell einem Menschen, dem ich vertraue, die Wahrheit zu kommunizieren. Und zwar alles, was ich zu greifen bekomme:

»Ich fühle ...«

»Die folgenden Zweifel, Ängste, Sehnsüchte beschäftigen mich ...«

»Ich weiß Folgendes genau ...«

»Ich weiß Folgendes gerade nicht ...«

»Die wichtigste offene Frage lautet: ...«

»Wenn ich mir alles wünschen könnte ...«

»Wenn ich meinem Instinkt vertrauen würde, wäre mein nächster Schritt ...«


Wahrheit bringt dich in die Gegenwart.

Und nur aus der Gegenwart heraus kann sich dein mysteriöser, einzigartiger Pfad durch dieses Universum entfalten.

Wahrheit befreit. Und dann gehst du los. Und nach einer Weile staunst du. Und du erkennst den größeren Sinn, für den du damals einfach noch zu klein warst.

Du bist in guten Händen.

Genieße das Abenteuer.

## MEINE RÜCKSCHAU FÜR DIE LETZTEN 14 TAGE

Ich habe Sprintziel 1 erreicht:    Ja ☐    Nein ☐

Ich habe Sprintziel 2 erreicht:    Ja ☐    Nein ☐

Ich habe Sprintziel 3 erreicht:    Ja ☐    Nein ☐

**DAS LIEF IN DIESEM SPRINT SEHR GUT:**

**DAS WILL ICH IM NÄCHSTEN SPRINT VERBESSERN:**

**MEINE WERTVOLLSTEN ERKENNTNISSE:**

**ICH BIN DANKBAR FÜR:**

# Flow-Kick: Das Feuer deiner Motivation

Motivation ist die Kraft, die uns bewegt. Viele unserer Vorhaben enden als Rohrkrepierer oder machen uns unglücklich, weil sie extrinsisch (von außen) motiviert sind. Das passiert, wenn wir von außen nach innen leben: Was wollen die anderen? Was ist gerade angesagt?

Um unsere Träume konsequent und erfüllt zu verwirklichen, müssen wir das Feuer unserer intrinsischen Motivation entzünden. Das passiert in vier Stufen: Freude – Passion – Sinn – Meisterschaft.

### FREUDE
Beginne damit, alles aufzulisten, was dir natürlich Freude bereitet, selbst wenn es zunächst gar nichts mit deinen großen Zielen oder deinem Beruf zu tun hat. Gewöhne dich daran, täglich mindestens einmal etwas »nur« wegen der Freude zu tun.

### PASSION
Wir empfinden Leidenschaft, wenn wir mehrere unserer Freuden miteinander erfahren können, zum Beispiel Kochen mit den besten Freund*innen plus Lieblingsmusik. Unser Gehirn verstärkt quasi die Freuden. Überlege dir Möglichkeiten, zwei, drei oder sogar vier deiner Freuden miteinander zu verbinden.

### SINN
Jetzt überlege dir, wie du deine Passionen mit einem Anliegen – sei es beruflicher oder ehrenamtlicher Natur – verbinden kannst, was die Welt für andere schöner und besser macht. So vertieft sich deine Motivation noch mal und wird auch große Hürden nehmen können.

### MEISTERSCHAFT
Auf welchem Gebiet könntest du deine Passion und deinen Sinn leben und die zutiefst erfüllende Erfahrung von Meisterschaft erlangen, indem du dich voll auf diese Übungsmatte einlässt und immer besser wirst?

# Visionsdate: Werte und Charakter

Es ist Zeit für ein Date mit dir selbst! Denke dabei darüber nach, was für ein Mensch du sein möchtest. Denn wir sind nicht nur das Ergebnis unserer Gene und unserer Geschichte. Wir können unseren Charakter bewusst formen. Was für Werte willst du täglich leben? Welche Eigenschaften möchtest du fördern und welche eher abschwächen? Für welche Qualitäten willst du bekannt sein? Wie willst du in Beziehungen auftreten?

Hilfestellung: Bitte Menschen, denen du vertraust, dir ehrlich Feedback zu geben, wie sie dich wahrnehmen. Frage sie, was ihnen an dir gefällt und von welchen Eigenschaften sie sich eventuell etwas weniger beziehungsweise mehr wünschen.

**MEIN WUNSCHSELBSTBILD:**

..........................................................................................................................

..........................................................................................................................

..........................................................................................................................

..........................................................................................................................

---

**MEDITATIONSTIPPS
ZUR EINSTIMMUNG AUF DEIN JAHR**

*»Stärke dein Erfolgsbewusstsein«
und »Reise in deine Zukunft«*

*siehe App*

# DEIN SPRINT

## FÜHLE DEIN POWERZIEL!

Lege deine Lieblingsmusik auf, die dir Kraft spendet und zum Träumen einlädt. Blättere auf Seite 36 und tauche voll in dein Ziel ein, so als wäre es bereits verwirklicht.

*Was oder wer könnte dich in den kommenden 14 Tagen auf deinem Weg zu diesem Ziel wirksam stärken, inspirieren, unterstützen?*

..................................................................................................................................

..................................................................................................................................

### SPRINTZIEL 1

*Das werde ich in diesem kommenden Sprint für mein Powerziel umsetzen:*

..............................

..............................

..............................

### SPRINTZIEL 2

*Das werde ich in diesem kommenden Sprint für meine Gesamtvision umsetzen:*

..............................

..............................

..............................

### SPRINTZIEL 3

*Das werde ich in diesem kommenden Sprint für meine pure Freude umsetzen:*

..............................

..............................

..............................

### SPRINTCHECK

- Ich kann meine Sprintziele in diesem Zeitraum realistisch umsetzen.
- Meine Sprintziele fordern mich ausreichend heraus.
- Meine Sprintziele unterstützen mein Powerziel, meine Gesamtvision und meine Freude.

**WOCHE** | **05** | **DATUM** ...............................................

**MONTAG:**
- Schlafqualität: ..........................................
- Powerhandlung: ..........................................
- Deep-Flow-Zeiten: ..........................................
- Zeit für mich: ..........................................
- ■ Morgenritual    ■ Abendritual

**MEINE ABSICHT**

..........................................................

..........................................................

..........................................................

..........................................................

**DIENSTAG:**
- Schlafqualität: ..........................................
- Powerhandlung: ..........................................
- Deep-Flow-Zeiten: ..........................................
- Zeit für mich: ..........................................
- ■ Morgenritual    ■ Abendritual

**MITTWOCH:**
- Schlafqualität: ..........................................
- Powerhandlung: ..........................................
- Deep-Flow-Zeiten: ..........................................
- Zeit für mich: ..........................................
- ■ Morgenritual    ■ Abendritual

**DONNERSTAG:**
- Schlafqualität: ..........................................
- Powerhandlung: ..........................................
- Deep-Flow-Zeiten: ..........................................
- Zeit für mich: ..........................................
- ■ Morgenritual    ■ Abendritual

### WELCHEN SCHRITT MÜSSTEST DU ALS NÄCHSTES TUN, UM IN DEINE WAHRE GRÖSSE HINEINZUWACHSEN?

..................................................

..................................................

..................................................

..................................................

### GEISTESBLITZE

..................................................

..................................................

..................................................

**SONNTAG:**
- Schlafqualität: ...............................
- Powerhandlung: ..............................
- Deep-Flow-Zeiten: ...........................
- Zeit für mich: ................................
- ◼ Morgenritual   ◼ Abendritual

**SAMSTAG:**
- Schlafqualität: ...............................
- Powerhandlung: ..............................
- Deep-Flow-Zeiten: ...........................
- Zeit für mich: ................................
- ◼ Morgenritual   ◼ Abendritual

**FREITAG:**
- Schlafqualität: ...............................
- Powerhandlung: ..............................
- Deep-Flow-Zeiten: ...........................
- Zeit für mich: ................................
- ◼ Morgenritual   ◼ Abendritual

**WOCHE** 06 **DATUM** ..................................................

**MONTAG:**
- Schlafqualität: ........................................
- Powerhandlung: ........................................
- Deep-Flow-Zeiten: ........................................
- Zeit für mich: ........................................
- Morgenritual    ■ Abendritual

**MEINE ABSICHT**
........................................
........................................
........................................
........................................

**DIENSTAG:**
- Schlafqualität: ........................................
- Powerhandlung: ........................................
- Deep-Flow-Zeiten: ........................................
- Zeit für mich: ........................................
- Morgenritual    ■ Abendritual

**MITTWOCH:**
- Schlafqualität: ........................................
- Powerhandlung: ........................................
- Deep-Flow-Zeiten: ........................................
- Zeit für mich: ........................................
- Morgenritual    ■ Abendritual

**DONNERSTAG:**
- Schlafqualität: ........................................
- Powerhandlung: ........................................
- Deep-Flow-Zeiten: ........................................
- Zeit für mich: ........................................
- Morgenritual    ■ Abendritual

## WOFÜR BRENNST DU? WAS TURNT DICH WIRKLICH AN?

.................................................

.................................................

.................................................

.................................................

.................................................

## GEISTESBLITZE

.................................................

.................................................

.................................................

### SONNTAG:
- Schlafqualität:..............................
- Powerhandlung:............................
- Deep-Flow-Zeiten:........................
- Zeit für mich:...............................
- ▪ Morgenritual     ▪ Abendritual

### SAMSTAG:
- Schlafqualität:..............................
- Powerhandlung:............................
- Deep-Flow-Zeiten:........................
- Zeit für mich:...............................
- ▪ Morgenritual     ▪ Abendritual

### FREITAG:
- Schlafqualität:..............................
- Powerhandlung:............................
- Deep-Flow-Zeiten:........................
- Zeit für mich:...............................
- ▪ Morgenritual     ▪ Abendritual

# Ertappen und umschalten

VON STEFANIE STAHL

*Impuls*   Es lohnt sich immer, sich selbst zu reflektieren, und zwar nicht nur um das eine oder andere Problem für sich zu lösen, sondern auch um ein besserer Mensch zu werden.

Je bewusster ich mir meiner inneren Vorgänge bin, desto weniger laufe ich Gefahr, meine psychischen Probleme an meinen Mitmenschen abzuarbeiten, und umso weniger bin ich geneigt, aus Angst vor Unterlegenheit passiv oder aktiv aggressiv gegen andere Menschen vorzugehen. Das Interesse für sich selbst bedeutet mitnichten, dass man in selbstmitleidiger Manier um sich selbst kreist. Es bewirkt vielmehr, dass man die Verantwortung für das eigene Handeln übernimmt und damit einen Beitrag für die Gesellschaft leistet.

Fast alle Probleme, die wir in dieser Welt haben – wie soziale Ungerechtigkeit, Rassismus, Sexismus, Gewalt, Kriege, die Klimakatastrophe –, sind auf einen Mangel an Selbstreflexion der Verantwortlichen zurückzuführen. Je besser ich in Verbindung mit mir und meinen Gefühlen bin, desto leichter fällt es mir, mich mit anderen Menschen zu verbinden und mitzufühlen. Wer Mitgefühl mit Menschen und anderen Lebewesen praktiziert, ist dem Leben zugewandt und friedlich.

Es hilft deshalb, wenn wir uns selbst auf die Schliche kommen: In welchen Situationen reagiere ich zum Beispiel wütend oder gekränkt? Welche Rolle spielen dabei meine subjektive Wahrnehmung und alte Verhaltensmuster? Wie könnte ich die Situation – von außen betrachtet – anders interpretieren? Wie könnte ich dementsprechend anders reagieren? Ich nenne diesen Vorgang: »Ertappen und umschalten«.

## MEINE RÜCKSCHAU FÜR DIE LETZTEN 14 TAGE

Ich habe Sprintziel 1 erreicht:     Ja ☐     Nein ☐

Ich habe Sprintziel 2 erreicht:     Ja ☐     Nein ☐

Ich habe Sprintziel 3 erreicht:     Ja ☐     Nein ☐

**DAS LIEF IN DIESEM SPRINT SEHR GUT:**

**DAS WILL ICH IM NÄCHSTEN SPRINT VERBESSERN:**

**MEINE WERTVOLLSTEN ERKENNTNISSE:**

**ICH BIN DANKBAR FÜR:**

# DEIN SPRINT

## FÜHLE DEIN POWERZIEL!

Lege deine Lieblingsmusik auf, die dir Kraft spendet und zum Träumen einlädt. Blättere auf Seite 36 und tauche voll in dein Ziel ein, so als wäre es bereits verwirklicht.

*Was oder wer könnte dich in den kommenden 14 Tagen auf deinem Weg zu diesem Ziel wirksam stärken, inspirieren, unterstützen?*

..............................................................................................................................................

..............................................................................................................................................

### SPRINTZIEL 1

*Das werde ich in diesem kommenden Sprint für mein Powerziel umsetzen:*

..........................................

..........................................

..........................................

### SPRINTZIEL 2

*Das werde ich in diesem kommenden Sprint für meine Gesamtvision umsetzen:*

..........................................

..........................................

..........................................

### SPRINTZIEL 3

*Das werde ich in diesem kommenden Sprint für meine pure Freude umsetzen:*

..........................................

..........................................

..........................................

### SPRINTCHECK

- Ich kann meine Sprintziele in diesem Zeitraum realistisch umsetzen.
- Meine Sprintziele fordern mich ausreichend heraus.
- Meine Sprintziele unterstützen mein Powerziel, meine Gesamtvision und meine Freude.

**WOCHE** 07 **DATUM** ....................................

**MONTAG:**
- Schlafqualität:...........................
- Powerhandlung:..........................
- Deep-Flow-Zeiten:.......................
- Zeit für mich:............................
- Morgenritual    ■ Abendritual

**MEINE ABSICHT**

...........................................
...........................................
...........................................
...........................................

**DIENSTAG:**
- Schlafqualität:...........................
- Powerhandlung:..........................
- Deep-Flow-Zeiten:.......................
- Zeit für mich:............................
- Morgenritual    ■ Abendritual

**MITTWOCH:**
- Schlafqualität:...........................
- Powerhandlung:..........................
- Deep-Flow-Zeiten:.......................
- Zeit für mich:............................
- Morgenritual    ■ Abendritual

**DONNERSTAG:**
- Schlafqualität:...........................
- Powerhandlung:..........................
- Deep-Flow-Zeiten:.......................
- Zeit für mich:............................
- Morgenritual    ■ Abendritual

## DARF ES EINFACH SEIN?

..................................

..................................

..................................

..................................

..................................

..................................

## GEISTESBLITZE

..................................

..................................

..................................

**SONNTAG:**
- Schlafqualität: ..................................
- Powerhandlung: ..................................
- Deep-Flow-Zeiten: ..................................
- Zeit für mich: ..................................
- Morgenritual        ▪ Abendritual

**SAMSTAG:**
- Schlafqualität: ..................................
- Powerhandlung: ..................................
- Deep-Flow-Zeiten: ..................................
- Zeit für mich: ..................................
- Morgenritual        ▪ Abendritual

**FREITAG:**
- Schlafqualität: ..................................
- Powerhandlung: ..................................
- Deep-Flow-Zeiten: ..................................
- Zeit für mich: ..................................
- Morgenritual        ▪ Abendritual

**WOCHE** 08 **DATUM** ........................................

**MONTAG:**
- Schlafqualität: ....................................
- Powerhandlung: ....................................
- Deep-Flow-Zeiten: ....................................
- Zeit für mich: ....................................
- Morgenritual   ▪ Abendritual

**MEINE ABSICHT**
........................................
........................................
........................................
........................................

**DIENSTAG:**
- Schlafqualität: ....................................
- Powerhandlung: ....................................
- Deep-Flow-Zeiten: ....................................
- Zeit für mich: ....................................
- Morgenritual   ▪ Abendritual

**MITTWOCH:**
- Schlafqualität: ....................................
- Powerhandlung: ....................................
- Deep-Flow-Zeiten: ....................................
- Zeit für mich: ....................................
- Morgenritual   ▪ Abendritual

**DONNERSTAG:**
- Schlafqualität: ....................................
- Powerhandlung: ....................................
- Deep-Flow-Zeiten: ....................................
- Zeit für mich: ....................................
- Morgenritual   ▪ Abendritual

**WENN DU DENKST, DEIN LEBEN IST HART, WOMIT VERGLEICHST DU ES DANN?**

..................................................
..................................................
..................................................
..................................................
..................................................

**GEISTESBLITZE**

..................................................
..................................................
..................................................

**SONNTAG:**
- Schlafqualität: ..................
- Powerhandlung: ..................
- Deep-Flow-Zeiten: ..................
- Zeit für mich: ..................
- ■ Morgenritual    ■ Abendritual

**SAMSTAG:**
- Schlafqualität: ..................
- Powerhandlung: ..................
- Deep-Flow-Zeiten: ..................
- Zeit für mich: ..................
- ■ Morgenritual    ■ Abendritual

**FREITAG:**
- Schlafqualität: ..................
- Powerhandlung: ..................
- Deep-Flow-Zeiten: ..................
- Zeit für mich: ..................
- ■ Morgenritual    ■ Abendritual

# Deine wahren Bedürfnisse

VON MICHAEL »CURSE« KURTH

*Impuls*

Eine einzige gute Frage allein kann wie ein Erdbeben wirken. Wenn sie dich trifft, wackelt das Fundament deiner Welt. Kein Stein bleibt dann mehr auf dem anderen. Genau darin liegt eine große Chance, denn jetzt kannst du deine Welt neu zusammensetzen. Echter, mutiger und klarer – und nach deinen wahren Bedürfnissen.

Bevor du die Fragen auf dieser Seite beantwortest, schließe für einen Moment deine Augen. Atme ein paarmal tief ein und aus. Spüre, wie der Atem deinen Körper durchströmt, wie sich Brust- und Bauchraum beim Einatmen weiten und beim Ausatmen wieder zusammenziehen. Öffne dann deine Augen. Jetzt beantworte die folgenden drei Fragen so direkt und ehrlich, wie es nur geht.

*Wenn du heute Abend sterben würdest – hättest du dein Leben voll und ganz gelebt?*

........................................................................................................................................

*Welche Konsequenzen ziehst du aus deiner Antwort?*

........................................................................................................................................

........................................................................................................................................

*Was ist der erste Schritt, den du **heute** tun wirst, um diese Konsequenzen umzusetzen?*

........................................................................................................................................

........................................................................................................................................

## MEINE RÜCKSCHAU FÜR DIE LETZTEN 14 TAGE

Ich habe Sprintziel 1 erreicht:	Ja ☐	Nein ☐

Ich habe Sprintziel 2 erreicht:	Ja ☐	Nein ☐

Ich habe Sprintziel 3 erreicht:	Ja ☐	Nein ☐

**DAS LIEF IN DIESEM SPRINT SEHR GUT:**

**DAS WILL ICH IM NÄCHSTEN SPRINT VERBESSERN:**

**MEINE WERTVOLLSTEN ERKENNTNISSE:**

**ICH BIN DANKBAR FÜR:**

# Flow-Kick: Intensiv fokussierte Aufmerksamkeit

Unser Gehirn besitzt einen Arbeitsspeicher, in dem wir pro Sekunde etwa acht Informationen speichern können. Wir sprechen in diesem Sinne auch von der *kognitiven Last*. Dieser Speicher ist bei den meisten Menschen permanent überlastet, da wir uns angewöhnt haben, uns ständig vielen Reizen (Multitasking, soziale Medien, Fernsehen, Telefon, Werbung, E-Mails, Geschwätz ...) auszusetzen. Diese Überlastung hindert unser Gehirn daran, in den natürlichen Flow-Zustand zu »rutschen«. Das Ergebnis: gestörte Konzentration, Vergesslichkeit, Fehler bei der Arbeit, Müdigkeit, mangelnde Kreativität.

*Was kannst du tun?*
- Lerne, Nein zu Ablenkungen zu sagen.
- Sei es dir wert, längere Zeiten einzurichten, in denen kein neuer Input von außen kommt.
- Begrenze deine Zeit in sozialen Medien oder vor dem Fernseher immer mehr.
- Richte ganz bewusst Deep-Flow-Zeiten ein.
- Gönne dir vor dem Schlafengehen eine Stunde ohne weiteren Input, damit dein Gehirn zur Ruhe kommen kann.
- Begreife, dass Phasen, in denen du nichts tust, nicht unproduktiv sind. Dein Gehirn erholt sich und arbeitet tatsächlich im Hintergrund weiter.
- Richte sowohl in der Partnerschaft als auch bei der Arbeit Zeiten ein, in denen du nicht für deine Partnerin oder deinen Partner verfügbar bist.

# Visionsdate: Gesundheit und Fitness

Es ist Zeit für ein Date mit dir selbst! Wo könntest du dich mit dir selbst treffen, um deinen Body zu feiern?

Vielleicht möchtest du in diesem Bereich auch eine Vision aufschreiben. In dem Fall lade ich dich ein, auch deine Beziehung zu deinem Körper zu betrachten. Wie alt willst du werden? Und vor allem, wie möchtest du altern? Wie soll dein Körper aussehen und wie soll er sich anfühlen? Wie viel soll er wiegen? Wie gesund, vital, lebendig soll er sein? Was willst du für ihn tun? Was willst du mit ihm erfahren?

*Meine Vision für meine Beziehung zu meinem Körper, für meine Gesundheit und Fitness:*

..................................................................................................

..................................................................................................

..................................................................................................

..................................................................................................

..................................................................................................

> **MEDITATIONSTIPP**
> **FÜR EINE GUTE BEZIEHUNG ZU DEINEM KÖRPER**
>
> *»Frieden und Einheit mit deinem Körper«*
>
> siehe App

# DEIN SPRINT

## FÜHLE DEIN POWERZIEL!

Lege deine Lieblingsmusik auf, die dir Kraft spendet und zum Träumen einlädt. Blättere auf Seite 36 und tauche voll in dein Ziel ein, so als wäre es bereits verwirklicht.

*Was oder wer könnte dich in den kommenden 14 Tagen auf deinem Weg zu diesem Ziel wirksam stärken, inspirieren, unterstützen?*

................................................................................................................

................................................................................................................

### SPRINTZIEL 1

*Das werde ich in diesem kommenden Sprint für mein Powerziel umsetzen:*

...........................

...........................

...........................

### SPRINTZIEL 2

*Das werde ich in diesem kommenden Sprint für meine Gesamtvision umsetzen:*

...........................

...........................

...........................

### SPRINTZIEL 3

*Das werde ich in diesem kommenden Sprint für meine pure Freude umsetzen:*

...........................

...........................

...........................

### SPRINTCHECK

- Ich kann meine Sprintziele in diesem Zeitraum realistisch umsetzen.
- Meine Sprintziele fordern mich ausreichend heraus.
- Meine Sprintziele unterstützen mein Powerziel, meine Gesamtvision und meine Freude.

**WOCHE 09 DATUM** ............................................

**MONTAG:**
- Schlafqualität: ............................................
- Powerhandlung: ............................................
- Deep-Flow-Zeiten: ............................................
- Zeit für mich: ............................................
- Morgenritual    ▪ Abendritual

**MEINE ABSICHT**

............................................

............................................

............................................

............................................

**DIENSTAG:**
- Schlafqualität: ............................................
- Powerhandlung: ............................................
- Deep-Flow-Zeiten: ............................................
- Zeit für mich: ............................................
- Morgenritual    ▪ Abendritual

**MITTWOCH:**
- Schlafqualität: ............................................
- Powerhandlung: ............................................
- Deep-Flow-Zeiten: ............................................
- Zeit für mich: ............................................
- Morgenritual    ▪ Abendritual

**DONNERSTAG:**
- Schlafqualität: ............................................
- Powerhandlung: ............................................
- Deep-Flow-Zeiten: ............................................
- Zeit für mich: ............................................
- Morgenritual    ▪ Abendritual

### WAS MUSST DU LEBEN, UM IN RUHE STERBEN ZU KÖNNEN?

........................................
........................................
........................................
........................................
........................................
........................................

### GEISTESBLITZE

........................................
........................................
........................................

**SONNTAG:**
- Schlafqualität:..............................
- Powerhandlung:............................
- Deep-Flow-Zeiten:..........................
- Zeit für mich:...............................
- Morgenritual    ▪ Abendritual

**SAMSTAG:**
- Schlafqualität:..............................
- Powerhandlung:............................
- Deep-Flow-Zeiten:..........................
- Zeit für mich:...............................
- Morgenritual    ▪ Abendritual

**FREITAG:**
- Schlafqualität:..............................
- Powerhandlung:............................
- Deep-Flow-Zeiten:..........................
- Zeit für mich:...............................
- Morgenritual    ▪ Abendritual

**WOCHE** | 10 | **DATUM** ...........................................

**MONTAG:**
- Schlafqualität: ..............................
- Powerhandlung: ............................
- Deep-Flow-Zeiten: .........................
- Zeit für mich: ...............................
- ▪ Morgenritual   ▪ Abendritual

**DIENSTAG:**
- Schlafqualität: ..............................
- Powerhandlung: ............................
- Deep-Flow-Zeiten: .........................
- Zeit für mich: ...............................
- ▪ Morgenritual   ▪ Abendritual

**MITTWOCH:**
- Schlafqualität: ..............................
- Powerhandlung: ............................
- Deep-Flow-Zeiten: .........................
- Zeit für mich: ...............................
- ▪ Morgenritual   ▪ Abendritual

**DONNERSTAG:**
- Schlafqualität: ..............................
- Powerhandlung: ............................
- Deep-Flow-Zeiten: .........................
- Zeit für mich: ...............................
- ▪ Morgenritual   ▪ Abendritual

**MEINE ABSICHT**

.................................................
.................................................
.................................................
.................................................

**WO IST ES FÜR DICH AN DER ZEIT, VON DER BREMSE ZU GEHEN?**

................................

................................

................................

................................

................................

**GEISTESBLITZE**

................................

................................

................................

**SONNTAG:**
- Schlafqualität: ................
- Powerhandlung: ................
- Deep-Flow-Zeiten: ................
- Zeit für mich: ................
- ▪ Morgenritual      ▪ Abendritual

**SAMSTAG:**
- Schlafqualität: ................
- Powerhandlung: ................
- Deep-Flow-Zeiten: ................
- Zeit für mich: ................
- ▪ Morgenritual      ▪ Abendritual

**FREITAG:**
- Schlafqualität: ................
- Powerhandlung: ................
- Deep-Flow-Zeiten: ................
- Zeit für mich: ................
- ▪ Morgenritual      ▪ Abendritual

# Epigenetik – wie dein Lebensstil deine Gene beeinflusst

VON DR. KIRA KUBENZ

*Impuls*

Du erbst deine Gene zu gleichen Teilen von deiner Mutter und deinem Vater. Und deine Gene bleiben ein Leben lang gleich. Aber ob du deshalb krank wirst, entscheiden die Gene nur zu etwa 30 Prozent. Mindestens so wichtig ist dein Lebensstil, denn der entscheidet, welche Gene angeschaltet werden und welche nicht. Und dein Lebensstil wirkt sich auch noch auf dein Kind und dein Enkelkind aus, denn bestimmte Muster werden in deinen Spermien oder Eizellen hinterlegt und entsprechend weitergegeben.

Was also kannst du dafür tun, damit du gesund älter wirst – und dies möglichst lange?

- **Ernähre dich bewusst.** Deine Ernährung sollte reich an Vitaminen und Mineralstoffen sein, wenig Fleisch enthalten, aber genug Eiweiß. Iss möglichst viel Gemüse. Iss ballaststoffreich, wenig Zucker und wenig Fast Food.
- **Treibe Sport und integriere Bewegung in deinen Alltag.** Bereits 30 Minuten Spazierengehen jeden Tag hilft gegen eine Vielzahl von Erkrankungen. Bewegung senkt unter anderem das Risiko für Demenz, Herzinfarkt, Depression und Krebs.
- **Sei glücklich.** Lachen schüttet Glückshormone aus, also lache! Glück findet man auch in den kleinen Dingen des Lebens, lass das Glück in dein Herz.
- **Vermeide Stress.** Chronischer Stress macht krank. Er macht Angst, bewirkt Depressionen, nimmt die Lust und fördert Entzündungen im Körper.

*In welchem dieser Bereiche hast du noch Aufholbedarf oder möchtest in diesem Jahr etwas verbessern? Notiere deine Antworten.*

........................................................................................

........................................................................................

## MEINE RÜCKSCHAU FÜR DIE LETZTEN 14 TAGE

Ich habe Sprintziel 1 erreicht:     Ja ☐     Nein ☐

Ich habe Sprintziel 2 erreicht:     Ja ☐     Nein ☐

Ich habe Sprintziel 3 erreicht:     Ja ☐     Nein ☐

**DAS LIEF IN DIESEM SPRINT SEHR GUT:**

**DAS WILL ICH IM NÄCHSTEN SPRINT VERBESSERN:**

**MEINE WERTVOLLSTEN ERKENNTNISSE:**

**ICH BIN DANKBAR FÜR:**

# DEIN SPRINT

## FÜHLE DEIN POWERZIEL!

Lege deine Lieblingsmusik auf, die dir Kraft spendet und zum Träumen einlädt. Blättere auf Seite 36 und tauche voll in dein Ziel ein, so als wäre es bereits verwirklicht.

*Was oder wer könnte dich in den kommenden 14 Tagen auf deinem Weg zu diesem Ziel wirksam stärken, inspirieren, unterstützen?*

..................................................................................................................................................

..................................................................................................................................................

### SPRINTZIEL 1

*Das werde ich in diesem kommenden Sprint für mein Powerziel umsetzen:*

### SPRINTZIEL 2

*Das werde ich in diesem kommenden Sprint für meine Gesamtvision umsetzen:*

### SPRINTZIEL 3

*Das werde ich in diesem kommenden Sprint für meine pure Freude umsetzen:*

### SPRINTCHECK

- Ich kann meine Sprintziele in diesem Zeitraum realistisch umsetzen.
- Meine Sprintziele fordern mich ausreichend heraus.
- Meine Sprintziele unterstützen mein Powerziel, meine Gesamtvision und meine Freude.

## WOCHE 11 DATUM ...........................................

### MONTAG:
- Schlafqualität: ...........................................
- Powerhandlung: ...........................................
- Deep-Flow-Zeiten: ...........................................
- Zeit für mich: ...........................................
- Morgenritual  ▫ Abendritual

### DIENSTAG:
- Schlafqualität: ...........................................
- Powerhandlung: ...........................................
- Deep-Flow-Zeiten: ...........................................
- Zeit für mich: ...........................................
- Morgenritual  ▫ Abendritual

### MITTWOCH:
- Schlafqualität: ...........................................
- Powerhandlung: ...........................................
- Deep-Flow-Zeiten: ...........................................
- Zeit für mich: ...........................................
- Morgenritual  ▫ Abendritual

### DONNERSTAG:
- Schlafqualität: ...........................................
- Powerhandlung: ...........................................
- Deep-Flow-Zeiten: ...........................................
- Zeit für mich: ...........................................
- Morgenritual  ▫ Abendritual

### MEINE ABSICHT
...........................................
...........................................
...........................................
...........................................

## WEISST DU, DASS NICHTS ZU GUT IST, UM WAHR ZU SEIN?

..................................................

..................................................

..................................................

..................................................

..................................................

..................................................

## GEISTESBLITZE

..................................................

..................................................

..................................................

**SONNTAG:**
- Schlafqualität:..............................
- Powerhandlung:............................
- Deep-Flow-Zeiten:.........................
- Zeit für mich:...............................
- ▪ Morgenritual   ▪ Abendritual

**SAMSTAG:**
- Schlafqualität:..............................
- Powerhandlung:............................
- Deep-Flow-Zeiten:.........................
- Zeit für mich:...............................
- ▪ Morgenritual   ▪ Abendritual

**FREITAG:**
- Schlafqualität:..............................
- Powerhandlung:............................
- Deep-Flow-Zeiten:.........................
- Zeit für mich:...............................
- ▪ Morgenritual   ▪ Abendritual

**WOCHE** | 12 | **DATUM** ..........................................

**MONTAG:**
- Schlafqualität: ..........................................
- Powerhandlung: ..........................................
- Deep-Flow-Zeiten: ..........................................
- Zeit für mich: ..........................................
- Morgenritual    ■ Abendritual

**MEINE ABSICHT**

..........................................

..........................................

..........................................

..........................................

**DIENSTAG:**
- Schlafqualität: ..........................................
- Powerhandlung: ..........................................
- Deep-Flow-Zeiten: ..........................................
- Zeit für mich: ..........................................
- Morgenritual    ■ Abendritual

**MITTWOCH:**
- Schlafqualität: ..........................................
- Powerhandlung: ..........................................
- Deep-Flow-Zeiten: ..........................................
- Zeit für mich: ..........................................
- Morgenritual    ■ Abendritual

**DONNERSTAG:**
- Schlafqualität: ..........................................
- Powerhandlung: ..........................................
- Deep-Flow-Zeiten: ..........................................
- Zeit für mich: ..........................................
- Morgenritual    ■ Abendritual

**BIST DU BEREIT, HEUTE DEIN ALTES ICH ZU VERLIEREN, UM DICH NEU ZU FINDEN?**

..................................

..................................

..................................

..................................

..................................

**GEISTESBLITZE**

..................................

..................................

..................................

**SONNTAG:**
- Schlafqualität:..................................
- Powerhandlung:..................................
- Deep-Flow-Zeiten:..................................
- Zeit für mich:..................................
- Morgenritual    ■ Abendritual

**SAMSTAG:**
- Schlafqualität:..................................
- Powerhandlung:..................................
- Deep-Flow-Zeiten:..................................
- Zeit für mich:..................................
- Morgenritual    ■ Abendritual

**FREITAG:**
- Schlafqualität:..................................
- Powerhandlung:..................................
- Deep-Flow-Zeiten:..................................
- Zeit für mich:..................................
- Morgenritual    ■ Abendritual

# Essen ist ein Wunder – und es ist Liebe

VON PATRICK REISER

*Impuls*

Wann immer du Nahrung zu dir nimmst, machst du ein anderes, dir fremdes Leben zu deinem eigenen. Vielleicht denkst du, wenn du das liest, das sei überspitzt. Doch das ist es nicht. Schau dich an: Wie groß bist du heute? Tatsache ist: Bei deiner Geburt war dein Körper sehr viel kleiner. Wie ist das möglich? Unter anderem durch die Nahrung, die du gegessen hast.

Egal, ob du ein Ei, Brokkoli oder ein Stück Fleisch verzehrst – alles, was du isst, wird bis auf den Teil, den du ausscheidest, zu deinem Körper. Der Prozess der Nahrungsaufnahme ist keine Kleinigkeit, sondern ein Wunder und Liebe in Aktion. Er bildet die Basis für die Entwicklung und das Fortbestehen deines physischen Körpers, der wiederum ein Ausdruck deiner Seele ist. Sobald du diesem Prozess täglich deine volle Aufmerksamkeit schenkst, wirst du erfahren, dass du ein Teil von allem bist und vom Leben getragen wirst.

Halte ab heute vor jeder Mahlzeit kurz inne und bringe deine volle Präsenz in den gegenwärtigen Moment. Schließe dafür deine Augen. Mache dir bewusst, wie die einzelnen Nahrungsmittel auf deinem Teller gelandet sind, wie viel Wasser und Strom für die Entstehung und Verarbeitung benötigt wurden und wie viele Menschen für die Produktion, die Lieferung und den Verkauf hart gearbeitet haben, damit das Leben, das du isst, nun zu deinem Leben wird.

Erlaube dir zu fühlen, dass du beschenkt wirst. Dann öffne deine Augen wieder, lass die Farben und Gerüche auf dich wirken und genieße die verschiedenen Geschmacksnuancen mit jedem Bissen. Erlebe, wie dein Körper die Nahrung aufnimmt und wie sie auf ihn wirkt.

## MEINE RÜCKSCHAU FÜR DIE LETZTEN 14 TAGE

Ich habe Sprintziel 1 erreicht:  Ja  Nein

Ich habe Sprintziel 2 erreicht:  Ja  Nein

Ich habe Sprintziel 3 erreicht:  Ja  Nein

**DAS LIEF IN DIESEM SPRINT SEHR GUT:**

**DAS WILL ICH IM NÄCHSTEN SPRINT VERBESSERN:**

**MEINE WERTVOLLSTEN ERKENNTNISSE:**

**ICH BIN DANKBAR FÜR:**

# Flow-Kick:
# Kristallklare Ziele

Viele Menschen sehen Ziele lediglich als eine Methode, um etwas zu erreichen, doch sie bewirken noch mehr. Sie sparen Zeit und Energie und verstärken den Flow. Wenn wir keine klaren Ziele für unser Leben und auch für jeden Tag aufstellen, muss unser Gehirn immer wieder neu darüber nachdenken, was es als Nächstes tun soll. Dadurch verschwendet es viel Energie in Entscheidungsprozessen, anstatt sich auf eine einmal festgelegte Aufgabe voll einlassen zu können und so in den Flow zu kommen.

Es geht nicht darum, dein Leben mit Zielen vollzuballern und es dadurch zu verpassen. Gute Ziele legen wie Meilensteine deine Route für den nächsten Sprint oder den kommenden Tag fest. So kannst du dich auf den Weg konzentrieren, anstatt dich immer wieder an allen möglichen Weggabelungen zu verzetteln. Paradoxerweise schenkt dir dieses Festlegen Freiheit. Probiere es aus. Was du dafür genau brauchst?

- Du brauchst sehr große, richtungsweisende Ziele wie den Sinn deines Lebens und deine Vision.
- Du brauchst herausfordernde Ziele wie deine Powerziele.
- Und du brauchst eindeutige, machbare Ziele wie deine Sprintziele oder deine tägliche Powerhandlung.

Wenn du dich dabei ertappst, dass du dich nicht stringent durch das Leben bewegst, hast du entweder keine Ziele oder es sind Ziele, die dich nicht berühren, noch zu groß und damit für dein Gehirn noch nicht machbar sind.

# Visionsdate: Selbstliebe

Es ist Zeit für ein Date mit dir selbst! Wie könntest du dir etwas Gutes tun und dir dabei auch die Zeit nehmen, einmal ganz ausführlich deine Beziehung zu dir selbst zu definieren?

Was bedeutet Selbstliebe für dich? Wie möchtest du mit dir umgehen? Wie möchtest du dich in dir fühlen – auch wenn du mal Mist baust oder einen Sch...tag hast. Du kannst jeden Menschen in deinem Leben (theoretisch) austauschen. Nur mit einem musst du bis zum letzten Atemzug auskommen – dir selbst! Zeit, dich zu heiraten!

*Meine Vision für die Beziehung zu mir selbst:*

.................................................................................................................

.................................................................................................................

.................................................................................................................

.................................................................................................................

.................................................................................................................

**MEDITATIONSTIPP
FÜR DEINE SELBSTLIEBE**

*»Healing Light«*

*siehe App*

# DEIN SPRINT

## FÜHLE DEIN POWERZIEL!

Lege deine Lieblingsmusik auf, die dir Kraft spendet und zum Träumen einlädt. Blättere auf Seite 36 und tauche voll in dein Ziel ein, so als wäre es bereits verwirklicht.

*Was oder wer könnte dich in den kommenden 14 Tagen auf deinem Weg zu diesem Ziel wirksam stärken, inspirieren, unterstützen?*

..................................................................................................................................................

..................................................................................................................................................

### SPRINTZIEL 1

*Das werde ich in diesem kommenden Sprint für mein Powerziel umsetzen:*

..........................................

..........................................

..........................................

### SPRINTZIEL 2

*Das werde ich in diesem kommenden Sprint für meine Gesamtvision umsetzen:*

..........................................

..........................................

..........................................

### SPRINTZIEL 3

*Das werde ich in diesem kommenden Sprint für meine pure Freude umsetzen:*

..........................................

..........................................

..........................................

### SPRINTCHECK

- Ich kann meine Sprintziele in diesem Zeitraum realistisch umsetzen.
- Meine Sprintziele fordern mich ausreichend heraus.
- Meine Sprintziele unterstützen mein Powerziel, meine Gesamtvision und meine Freude.

**WOCHE** 13 **DATUM** ...........................................

### MONTAG:
- Schlafqualität: ....................................
- Powerhandlung: ....................................
- Deep-Flow-Zeiten: ....................................
- Zeit für mich: ....................................
- Morgenritual    ■ Abendritual

### DIENSTAG:
- Schlafqualität: ....................................
- Powerhandlung: ....................................
- Deep-Flow-Zeiten: ....................................
- Zeit für mich: ....................................
- Morgenritual    ■ Abendritual

### MITTWOCH:
- Schlafqualität: ....................................
- Powerhandlung: ....................................
- Deep-Flow-Zeiten: ....................................
- Zeit für mich: ....................................
- Morgenritual    ■ Abendritual

### DONNERSTAG:
- Schlafqualität: ....................................
- Powerhandlung: ....................................
- Deep-Flow-Zeiten: ....................................
- Zeit für mich: ....................................
- Morgenritual    ■ Abendritual

### MEINE ABSICHT

....................................................

....................................................

....................................................

....................................................

## WAS IST DEINE (NOCH) UNERFÜLLTE PASSION?

..................................

..................................

..................................

..................................

..................................

..................................

## GEISTESBLITZE

..................................

..................................

..................................

### SONNTAG:
- Schlafqualität:..................................
- Powerhandlung:..................................
- Deep-Flow-Zeiten:..................................
- Zeit für mich:..................................
- Morgenritual   ■ Abendritual

### SAMSTAG:
- Schlafqualität:..................................
- Powerhandlung:..................................
- Deep-Flow-Zeiten:..................................
- Zeit für mich:..................................
- Morgenritual   ■ Abendritual

### FREITAG:
- Schlafqualität:..................................
- Powerhandlung:..................................
- Deep-Flow-Zeiten:..................................
- Zeit für mich:..................................
- Morgenritual   ■ Abendritual

# WOCHE 14 DATUM .................................

**MONTAG:**
- Schlafqualität: .................................
- Powerhandlung: .................................
- Deep-Flow-Zeiten: .................................
- Zeit für mich: .................................
- Morgenritual     ▪ Abendritual

**MEINE ABSICHT**

.................................
.................................
.................................
.................................

**DIENSTAG:**
- Schlafqualität: .................................
- Powerhandlung: .................................
- Deep-Flow-Zeiten: .................................
- Zeit für mich: .................................
- Morgenritual     ▪ Abendritual

**MITTWOCH:**
- Schlafqualität: .................................
- Powerhandlung: .................................
- Deep-Flow-Zeiten: .................................
- Zeit für mich: .................................
- Morgenritual     ▪ Abendritual

**DONNERSTAG:**
- Schlafqualität: .................................
- Powerhandlung: .................................
- Deep-Flow-Zeiten: .................................
- Zeit für mich: .................................
- Morgenritual     ▪ Abendritual

**DIESER TAG WIRD SO NIE WIEDERKEHREN. WIE WILLST DU IHN ERLEBEN?**

...........................................

...........................................

...........................................

...........................................

...........................................

**GEISTESBLITZE**

...........................................

...........................................

...........................................

**SONNTAG:**
- Schlafqualität:........................
- Powerhandlung:......................
- Deep-Flow-Zeiten:..................
- Zeit für mich:.........................
- Morgenritual      ▪ Abendritual

**SAMSTAG:**
- Schlafqualität:........................
- Powerhandlung:......................
- Deep-Flow-Zeiten:..................
- Zeit für mich:.........................
- Morgenritual      ▪ Abendritual

**FREITAG:**
- Schlafqualität:........................
- Powerhandlung:......................
- Deep-Flow-Zeiten:..................
- Zeit für mich:.........................
- Morgenritual      ▪ Abendritual

# Echter Wohlstand – ein Plädoyer für neue Werte

VON VIVIAN DITTMAR

*Impuls*

Was wäre, wenn der dringend notwendige ökosoziale Wandel der Gesellschaft nicht im Widerspuch zu einem wirklich guten Leben stünde, sondern im Gegenteil dadurch erst ermöglicht würde? Wir sprechen im Kontext von Nachhaltigkeit viel zu viel über den notwendigen Verzicht auf alle möglichen Konsumgüter und Ersatzbefriedigungen, die ohnehin nicht unsere wahren Bedürfnisse stillen.

Dabei sollten wir mehr darüber sprechen, worauf wir schon heute verzichten: auf Flüsse, aus denen man trinken kann, auf Nächte, in denen man die Sterne sieht, auf Städte, die nicht von Motorengeräuschen und Abgasen vereinnahmt sind. Wir verzichten auf Zeit für die wirklich wichtigen Dinge im Leben: Zeit mit unseren Liebsten, Zeit, um unsere Talente zu entwickeln und sie mit anderen zu teilen, Zeit, um dem Mysterium des Lebens zu lauschen.

Wir verzichten auf fast alles, was uns wirklich reich und glücklich machen würde, weil wir gefangen sind in einer endlosen Jagd nach »mehr«. Dahinter steckt eine Sucht nach dem kurzen Kick, den wir empfinden, wenn wir Geld verdienen oder etwas konsumieren. Doch es liegt im Wesen jeder Sucht, dass sie ständig gefüttert werden möchte, während wir innerlich verhungern.

Was wäre, wenn du dein Leben konsequent auf die fünf Dimensionen von echtem Wohlstand ausrichten würdest?

- Zeitwohlstand: Beginne damit, konsequent zu entschleunigen. Entscheide neu, wann ein Tag oder eine Woche voll ist.
- Kreativitätswohlstand: Erlaube dir, deine Talente zu entfalten, egal, ob du damit Geld verdienen kannst oder nicht. Genieße deine Gaben um ihrer selbst willen.
- Beziehungswohlstand: Mit wem kannst du mehr Verbindung und Verbindlichkeit wagen? Wer ist wirklich für dich da? Bei wem kannst du einfach du selbst sein?
- Spiritueller Wohlstand: Nimm dir täglich ein paar Minuten, um innezuhalten und das Wunder deiner Existenz bewusst zur Kenntnis zu nehmen.
- Ökologischer Wohlstand: Heile Schritt für Schritt deine Beziehungen zu den nicht menschlichen Wesen, die dein Leben ermöglichen.

## MEINE RÜCKSCHAU FÜR DIE LETZTEN 14 TAGE

Ich habe Sprintziel 1 erreicht:  Ja ☐  Nein ☐

Ich habe Sprintziel 2 erreicht:  Ja ☐  Nein ☐

Ich habe Sprintziel 3 erreicht:  Ja ☐  Nein ☐

**DAS LIEF IN DIESEM SPRINT SEHR GUT:**

...................................................

...................................................

...................................................

**DAS WILL ICH IM NÄCHSTEN SPRINT VERBESSERN:**

...................................................

...................................................

...................................................

**MEINE WERTVOLLSTEN ERKENNTNISSE:**

...................................................

...................................................

...................................................

**ICH BIN DANKBAR FÜR:**

...................................................

...................................................

...................................................

# DEIN SPRINT

## FÜHLE DEIN POWERZIEL!

Lege deine Lieblingsmusik auf, die dir Kraft spendet und zum Träumen einlädt. Blättere auf Seite 36 und tauche voll in dein Ziel ein, so als wäre es bereits verwirklicht.

*Was oder wer könnte dich in den kommenden 14 Tagen auf deinem Weg zu diesem Ziel wirksam stärken, inspirieren, unterstützen?*

..................................................................................................................................................

..................................................................................................................................................

### SPRINTZIEL 1

*Das werde ich in diesem kommenden Sprint für mein Powerziel umsetzen:*

........................................

........................................

........................................

### SPRINTZIEL 2

*Das werde ich in diesem kommenden Sprint für meine Gesamtvision umsetzen:*

........................................

........................................

........................................

### SPRINTZIEL 3

*Das werde ich in diesem kommenden Sprint für meine pure Freude umsetzen:*

........................................

........................................

........................................

---

### SPRINTCHECK

- Ich kann meine Sprintziele in diesem Zeitraum realistisch umsetzen.
- Meine Sprintziele fordern mich ausreichend heraus.
- Meine Sprintziele unterstützen mein Powerziel, meine Gesamtvision und meine Freude.

# NOTIZEN

**WOCHE** | 15 | **DATUM** ....................................

### MONTAG:
- Schlafqualität: ............................................
- Powerhandlung: ............................................
- Deep-Flow-Zeiten: .........................................
- Zeit für mich: .............................................
- ◼ Morgenritual    ◼ Abendritual

### MEINE ABSICHT

......................................................................
......................................................................
......................................................................
......................................................................

### DIENSTAG:
- Schlafqualität: ............................................
- Powerhandlung: ............................................
- Deep-Flow-Zeiten: .........................................
- Zeit für mich: .............................................
- ◼ Morgenritual    ◼ Abendritual

### MITTWOCH:
- Schlafqualität: ............................................
- Powerhandlung: ............................................
- Deep-Flow-Zeiten: .........................................
- Zeit für mich: .............................................
- ◼ Morgenritual    ◼ Abendritual

### DONNERSTAG:
- Schlafqualität: ............................................
- Powerhandlung: ............................................
- Deep-Flow-Zeiten: .........................................
- Zeit für mich: .............................................
- ◼ Morgenritual    ◼ Abendritual

### HAST DU MANCHMAL ANGST VOR ETWAS, DAS DU WILLST?

...........................................

...........................................

...........................................

...........................................

...........................................

...........................................

### GEISTESBLITZE

...........................................

...........................................

...........................................

**SONNTAG:**
- Schlafqualität:................................
- Powerhandlung:..............................
- Deep-Flow-Zeiten:...........................
- Zeit für mich:.................................
- Morgenritual     ■ Abendritual

**SAMSTAG:**
- Schlafqualität:................................
- Powerhandlung:..............................
- Deep-Flow-Zeiten:...........................
- Zeit für mich:.................................
- Morgenritual     ■ Abendritual

**FREITAG:**
- Schlafqualität:................................
- Powerhandlung:..............................
- Deep-Flow-Zeiten:...........................
- Zeit für mich:.................................
- Morgenritual     ■ Abendritual

**WOCHE** 16 **DATUM** ..................................................

**MONTAG:**
- Schlafqualität: ........................................
- Powerhandlung: ........................................
- Deep-Flow-Zeiten: ....................................
- Zeit für mich: ........................................
- Morgenritual   ▪ Abendritual

**MEINE ABSICHT**

............................................................

............................................................

............................................................

............................................................

**DIENSTAG:**
- Schlafqualität: ........................................
- Powerhandlung: ........................................
- Deep-Flow-Zeiten: ....................................
- Zeit für mich: ........................................
- Morgenritual   ▪ Abendritual

**MITTWOCH:**
- Schlafqualität: ........................................
- Powerhandlung: ........................................
- Deep-Flow-Zeiten: ....................................
- Zeit für mich: ........................................
- Morgenritual   ▪ Abendritual

**DONNERSTAG:**
- Schlafqualität: ........................................
- Powerhandlung: ........................................
- Deep-Flow-Zeiten: ....................................
- Zeit für mich: ........................................
- Morgenritual   ▪ Abendritual

**WANN HAST DU DAS LETZTE MAL ETWAS ZUM ERSTEN MAL GETAN?**

..................................................

..................................................

..................................................

..................................................

..................................................

**GEISTESBLITZE**

..................................................

..................................................

..................................................

**SONNTAG:**
- Schlafqualität:..................
- Powerhandlung:..................
- Deep-Flow-Zeiten:..................
- Zeit für mich:..................
- ▪ Morgenritual     ▪ Abendritual

**SAMSTAG:**
- Schlafqualität:..................
- Powerhandlung:..................
- Deep-Flow-Zeiten:..................
- Zeit für mich:..................
- ▪ Morgenritual     ▪ Abendritual

**FREITAG:**
- Schlafqualität:..................
- Powerhandlung:..................
- Deep-Flow-Zeiten:..................
- Zeit für mich:..................
- ▪ Morgenritual     ▪ Abendritual

# Selbstliebe ist Nächstenliebe

VON MELANIE PIGNITTER

Denke einmal ganz spontan an die drei wichtigsten Menschen in deinem Leben. Wer kommt dir als Erste*r in den Sinn? Schreibe es auf, bevor du weiterliest.

**Impuls**

*Die drei wichtigsten Menschen in meinem Leben sind:*

1. ........................................................................................................

2. ........................................................................................................

3. ........................................................................................................

Befindet sich dein eigener Name auf der Top-3-Liste? Oder hast du ihn schlicht und einfach vergessen? Oder denkst du vielleicht wirklich, dass du es nicht wert bist, dich selbst so wichtig zu nehmen? So oder so möchte ich dir eine Sache erklären: Selbstliebe ist Nächstenliebe. Jeder Mensch, der sich selbst wichtig nimmt, sich entsprechend behandelt und umsorgt, tut etwas sehr Wesentliches für unsere Welt.

*Es ist wichtig, dass wir beginnen, diese Welt zu retten. Und es ist völlig in Ordnung, ja sogar notwendig, dass wir bei uns selbst beginnen.*

Warum? Nun, wie viel Energie kannst du abgeben, wenn du selbst keine hast? Wie gut kannst du Menschen trösten, wenn dir selbst zum Weinen zumute ist? Wie um Himmels willen sollen die Menschen, die du liebst, glücklich sein, wenn sie wissen, dass du es nicht bist? Daher meine Aufforderung an dich: Beginne, dich selbst zu lieben. Behandle dich selbst so, wie du auch von anderen behandelt werden möchtest. Werde zu deiner besten Freundin, deinem besten Freund und deiner großen Liebe und mach dich selbst glücklich. Nimm die Verantwortung an, eine bessere Welt zu erschaffen, und beginne bei dir selbst.

## MEINE RÜCKSCHAU FÜR DIE LETZTEN 14 TAGE

Ich habe Sprintziel 1 erreicht:  Ja ☐  Nein ☐

Ich habe Sprintziel 2 erreicht:  Ja ☐  Nein ☐

Ich habe Sprintziel 3 erreicht:  Ja ☐  Nein ☐

**DAS LIEF IN DIESEM SPRINT SEHR GUT:**

..................................................

..................................................

..................................................

**DAS WILL ICH IM NÄCHSTEN SPRINT VERBESSERN:**

..................................................

..................................................

..................................................

**MEINE WERTVOLLSTEN ERKENNTNISSE:**

..................................................

..................................................

..................................................

**ICH BIN DANKBAR FÜR:**

..................................................

..................................................

..................................................

# Flow-Kick: Autonomie lässt dein Gehirn atmen

Autonomie ist neben Sicherheit und Verbundenheit eines der drei Grundbedürfnisse eines jeden Menschen. Sie ist auch eine wichtige Voraussetzung für die Erfahrung des Flows. Vielleicht hast du schon einmal davon gelesen, dass innovative Firmen wie Google ihren Mitarbeiter*innen nicht nur sehr viel Freiheit bei der Gestaltung des Arbeitsplatzes lassen, sondern auch bis zu 20 Prozent der Arbeitszeit für eigene Projekte zur Verfügung stellen. Das passiert sicher nicht aus Nächstenliebe.

Unser Gehirn fährt zu Höchstform auf, wenn es das Gefühl hat, frei entscheiden und denken zu können. Wie kannst du dir das zunutze machen?

1. **Verabschiede dich konsequent, Schritt für Schritt, von allen sinnlosen Begrenzungen.** Wo machst du etwas, weil es alle immer so gemacht haben? Hinterfrage beispielsweise einmal ganz bewusst die Zeit, wann du aufstehst, wann du beginnst zu arbeiten oder wie du deinen Lebens- und Arbeitsraum gestaltest. Was dient dir wirklich? Was engt dich ein? Was kannst du verändern?
2. **Erobere dir konsequent, Schritt für Schritt, immer mehr Freiraum.** Es beginnt mit der Freiheit, alles zu denken, deiner Freude zu folgen, deine Themen zu wählen. Pass deinen Lebensstil immer weiter deinen individuellen Neigungen an.
3. **Was ist mit den bisher unangenehmen Aufgaben, die du nicht abgeben kannst oder willst?** Hör auf, dich vor dir selbst zu rechtfertigen, dass du sie machen musst. Wähle, sie freiwillig zu tun. Bring all deine Liebe in die Pflicht. Tue nur, was du liebst. Liebe alles, was du tust!
4. **Bedenke: Autonomie ist kein Egotrip!** Beziehe deine Mitmenschen respektvoll mit ein. Das funktioniert nur in einer Atmosphäre von Vertrauen und Zuverlässigkeit. Gewähre anderen dieselben Freiheiten. Tariert sinnvolle Kompromisse aus, denn ein übertriebener Freiheitstrip führt zu Chaos.

# Visionsdate: Liebe und Beziehung

Es ist Zeit für ein Date mit dir selbst! Wie wäre es, wenn du dieses Mal einen deiner Lieblingsmenschen zu deinem Date einlädst und mit ihm darüber sprichst, wie ihr euch eine wahrhaft erfüllte, lebendige Beziehung vorstellt? Neun von zehn Menschen haben keine Vision für ihre wichtigsten Partnerschaften. Das ist verrückt, denn so reproduzieren wir immer wieder die Muster unserer Vergangenheit. Lebendige Beziehungen sind Felder, in denen alle Beteiligten erblühen. Nimm dir Zeit, dein Herz zu befragen, was du alles brauchst, um im WIR voll aufzugehen. Brauchst du Vertrauen? Geistige Nähe? Humor, Sex, spannende Projekte …? Sei unverschämt. Es ist dein Leben!

*Meine Vision für meine Liebesbeziehung:*

...........................................................................................................................................

...........................................................................................................................................

...........................................................................................................................................

...........................................................................................................................................

**MEDITATIONSTIPP
FÜR GLÜCKLICHE BEZIEHUNGEN**

*»Karmische Heilung und
Frieden in deiner Beziehung«*

siehe App

# DEIN SPRINT

## FÜHLE DEIN POWERZIEL!

Lege deine Lieblingsmusik auf, die dir Kraft spendet und zum Träumen einlädt. Blättere auf Seite 36 und tauche voll in dein Ziel ein, so als wäre es bereits verwirklicht.

*Was oder wer könnte dich in den kommenden 14 Tagen auf deinem Weg zu diesem Ziel wirksam stärken, inspirieren, unterstützen?*

..................................................................................................................................................................

..................................................................................................................................................................

### SPRINTZIEL 1

*Das werde ich in diesem kommenden Sprint für mein Powerziel umsetzen:*

### SPRINTZIEL 2

*Das werde ich in diesem kommenden Sprint für meine Gesamtvision umsetzen:*

### SPRINTZIEL 3

*Das werde ich in diesem kommenden Sprint für meine pure Freude umsetzen:*

---

### SPRINTCHECK

- Ich kann meine Sprintziele in diesem Zeitraum realistisch umsetzen.
- Meine Sprintziele fordern mich ausreichend heraus.
- Meine Sprintziele unterstützen mein Powerziel, meine Gesamtvision und meine Freude.

# NOTIZEN

**WOCHE** 17 **DATUM** ..................................................

**MONTAG:**
- Schlafqualität: ........................................
- Powerhandlung: .......................................
- Deep-Flow-Zeiten: ....................................
- Zeit für mich: ..........................................
- Morgenritual    ■ Abendritual

**DIENSTAG:**
- Schlafqualität: ........................................
- Powerhandlung: .......................................
- Deep-Flow-Zeiten: ....................................
- Zeit für mich: ..........................................
- Morgenritual    ■ Abendritual

**MITTWOCH:**
- Schlafqualität: ........................................
- Powerhandlung: .......................................
- Deep-Flow-Zeiten: ....................................
- Zeit für mich: ..........................................
- Morgenritual    ■ Abendritual

**DONNERSTAG:**
- Schlafqualität: ........................................
- Powerhandlung: .......................................
- Deep-Flow-Zeiten: ....................................
- Zeit für mich: ..........................................
- Morgenritual    ■ Abendritual

**MEINE ABSICHT**

..........................................................

..........................................................

..........................................................

..........................................................

## WAS BRINGT DICH ZUM LACHEN, WANN IMMER DU DARAN DENKST?

..................................................

..................................................

..................................................

..................................................

..................................................

..................................................

## GEISTESBLITZE

..................................................

..................................................

..................................................

**SONNTAG:**
- Schlafqualität:................................
- Powerhandlung:..............................
- Deep-Flow-Zeiten:..........................
- Zeit für mich:................................
- Morgenritual   ■ Abendritual

**SAMSTAG:**
- Schlafqualität:................................
- Powerhandlung:..............................
- Deep-Flow-Zeiten:..........................
- Zeit für mich:................................
- Morgenritual   ■ Abendritual

**FREITAG:**
- Schlafqualität:................................
- Powerhandlung:..............................
- Deep-Flow-Zeiten:..........................
- Zeit für mich:................................
- Morgenritual   ■ Abendritual

# WOCHE 18 DATUM ..................................

**MONTAG:**
- Schlafqualität: ....................................
- Powerhandlung: ....................................
- Deep-Flow-Zeiten: ....................................
- Zeit für mich: ....................................
- ▪ Morgenritual   ▪ Abendritual

**MEINE ABSICHT**

..............................................

..............................................

..............................................

..............................................

**DIENSTAG:**
- Schlafqualität: ....................................
- Powerhandlung: ....................................
- Deep-Flow-Zeiten: ....................................
- Zeit für mich: ....................................
- ▪ Morgenritual   ▪ Abendritual

**MITTWOCH:**
- Schlafqualität: ....................................
- Powerhandlung: ....................................
- Deep-Flow-Zeiten: ....................................
- Zeit für mich: ....................................
- ▪ Morgenritual   ▪ Abendritual

**DONNERSTAG:**
- Schlafqualität: ....................................
- Powerhandlung: ....................................
- Deep-Flow-Zeiten: ....................................
- Zeit für mich: ....................................
- ▪ Morgenritual   ▪ Abendritual

**WAS WÜRDEST DU SOFORT NOCH AUSPROBIEREN, WENN DU WÜSSTEST, DASS DU NICHT VERSAGEN KANNST?**

..................................

..................................

..................................

..................................

**GEISTESBLITZE**

..................................

..................................

..................................

**SONNTAG:**
- Schlafqualität:..................
- Powerhandlung:..................
- Deep-Flow-Zeiten:..................
- Zeit für mich:..................
- ☐ Morgenritual ☐ Abendritual

**SAMSTAG:**
- Schlafqualität:..................
- Powerhandlung:..................
- Deep-Flow-Zeiten:..................
- Zeit für mich:..................
- ☐ Morgenritual ☐ Abendritual

**FREITAG:**
- Schlafqualität:..................
- Powerhandlung:..................
- Deep-Flow-Zeiten:..................
- Zeit für mich:..................
- ☐ Morgenritual ☐ Abendritual

# Entdecke die Quelle der Weisheit in dir

VON ANDREA LINDAU

*Impuls*

Lieber Mensch,

ich möchte dich mit diesem Gruß einladen, dich in dieser besonderen Zeit wirklich wichtig zu nehmen. Du hältst gerade das Zukunftswerk in deinen Händen – als ein Symbol deines schöpferischen Einflusses auf dein Leben, auf unser aller Leben.

Jeder Tag ist so unendlich wertvoll. Stell dir vor, du würdest heute die genaue Anzahl der Tage deines restlichen Lebens erfahren. Was würde das mit dir machen? Vielleicht würdest du gar nichts ändern. Doch viel wahrscheinlich ist es, dass ein Ruck durch dich gehen würde, verbunden mit den Fragen: Habe ich bis jetzt voll gelebt? Was ist noch offen? Was habe ich noch nicht gegeben?

Wir wurden in besonderen Zeiten geboren. Der Planet Erde ist entzündet. Die Krisen, die wir oft geahnt haben, kommen schneller, härter auf uns zu. Sicherheiten, die wir als selbstverständlich betrachtet haben, werden uns genommen.

Ich schreibe das nicht, um dich zu ängstigen, sondern um dich wachzurufen und dich aufzufordern, dein Leben und die damit verbundenen Möglichkeiten ernst zu nehmen. Fall nicht auf die Stimme herein, die dir erzählt, du wärest nicht wichtig oder zu schwach. Auch der oder die Kleinste kann den Lauf der Welt ändern.

*Du hast Bedeutung. Für dich, für deine Liebsten, für deine Welt.*
*Du hast Macht. Für dich, für deine Liebsten, für deine Welt.*

Was in einer so lauten und komplexen Welt immer wesentlicher wird, ist deine innere Führung. Da ist eine stille Quelle der Weisheit in dir. Nutze deine Morgen- und Abendroutine, um ihr Raum zu geben. Lausche ihr. Vertraue ihr. Sie wird dich durch alle Turbulenzen führen. Sie wird dir Visionen für dein leuchtendes Morgen schenken.

Du bist smart. Du bist gut. Du bist wahr.

Sei kein Wiederkäuer alter Realitäten. Sei ein e Transformer In.

# MEINE RÜCKSCHAU FÜR DIE LETZTEN 14 TAGE

Ich habe Sprintziel 1 erreicht:     Ja ☐     Nein ☐

Ich habe Sprintziel 2 erreicht:     Ja ☐     Nein ☐

Ich habe Sprintziel 3 erreicht:     Ja ☐     Nein ☐

**DAS LIEF IN DIESEM SPRINT SEHR GUT:**

**DAS WILL ICH IM NÄCHSTEN SPRINT VERBESSERN:**

**MEINE WERTVOLLSTEN ERKENNTNISSE:**

**ICH BIN DANKBAR FÜR:**

# DEIN SPRINT

## FÜHLE DEIN POWERZIEL!

Lege deine Lieblingsmusik auf, die dir Kraft spendet und zum Träumen einlädt. Blättere auf Seite 36 und tauche voll in dein Ziel ein, so als wäre es bereits verwirklicht.

*Was oder wer könnte dich in den kommenden 14 Tagen auf deinem Weg zu diesem Ziel wirksam stärken, inspirieren, unterstützen?*

..................................................................................................................................

..................................................................................................................................

### SPRINTZIEL 1

*Das werde ich in diesem kommenden Sprint für mein Powerziel umsetzen:*

........................................

........................................

........................................

### SPRINTZIEL 2

*Das werde ich in diesem kommenden Sprint für meine Gesamtvision umsetzen:*

........................................

........................................

........................................

### SPRINTZIEL 3

*Das werde ich in diesem kommenden Sprint für meine pure Freude umsetzen:*

........................................

........................................

........................................

---

### SPRINTCHECK

- Ich kann meine Sprintziele in diesem Zeitraum realistisch umsetzen.
- Meine Sprintziele fordern mich ausreichend heraus.
- Meine Sprintziele unterstützen mein Powerziel, meine Gesamtvision und meine Freude.

## WOCHE 19 DATUM ..........................

**MONTAG:**
- Schlafqualität: ..............................................
- Powerhandlung: ..............................................
- Deep-Flow-Zeiten: ..........................................
- Zeit für mich: ...............................................
- Morgenritual    ■ Abendritual

**MEINE ABSICHT**

..................................................................
..................................................................
..................................................................
..................................................................

**DIENSTAG:**
- Schlafqualität: ..............................................
- Powerhandlung: ..............................................
- Deep-Flow-Zeiten: ..........................................
- Zeit für mich: ...............................................
- Morgenritual    ■ Abendritual

**MITTWOCH:**
- Schlafqualität: ..............................................
- Powerhandlung: ..............................................
- Deep-Flow-Zeiten: ..........................................
- Zeit für mich: ...............................................
- Morgenritual    ■ Abendritual

**DONNERSTAG:**
- Schlafqualität: ..............................................
- Powerhandlung: ..............................................
- Deep-Flow-Zeiten: ..........................................
- Zeit für mich: ...............................................
- Morgenritual    ■ Abendritual

**WIE VIELE NIEDERLAGEN BIST DU BEREIT, WÜRDEVOLL ANZUNEHMEN, UM IN DEM, WAS DU LIEBST, EIN*E MEISTER*IN ZU WERDEN?**

...................................................

...................................................

...................................................

...................................................

...................................................

**GEISTESBLITZE**

...................................................

...................................................

...................................................

**SONNTAG:**
- Schlafqualität:..............................
- Powerhandlung:............................
- Deep-Flow-Zeiten:........................
- Zeit für mich:...............................
- Morgenritual    ■ Abendritual

**SAMSTAG:**
- Schlafqualität:..............................
- Powerhandlung:............................
- Deep-Flow-Zeiten:........................
- Zeit für mich:...............................
- Morgenritual    ■ Abendritual

**FREITAG:**
- Schlafqualität:..............................
- Powerhandlung:............................
- Deep-Flow-Zeiten:........................
- Zeit für mich:...............................
- Morgenritual    ■ Abendritual

## WOCHE 20 DATUM .................................................

**MONTAG:**
- Schlafqualität: ..............................................
- Powerhandlung: ............................................
- Deep-Flow-Zeiten: .........................................
- Zeit für mich: ...............................................
- ▪ Morgenritual    ▪ Abendritual

**MEINE ABSICHT**

..............................................................
..............................................................
..............................................................
..............................................................
..............................................................

**DIENSTAG:**
- Schlafqualität: ..............................................
- Powerhandlung: ............................................
- Deep-Flow-Zeiten: .........................................
- Zeit für mich: ...............................................
- ▪ Morgenritual    ▪ Abendritual

**MITTWOCH:**
- Schlafqualität: ..............................................
- Powerhandlung: ............................................
- Deep-Flow-Zeiten: .........................................
- Zeit für mich: ...............................................
- ▪ Morgenritual    ▪ Abendritual

**DONNERSTAG:**
- Schlafqualität: ..............................................
- Powerhandlung: ............................................
- Deep-Flow-Zeiten: .........................................
- Zeit für mich: ...............................................
- ▪ Morgenritual    ▪ Abendritual

**IN WELCHEM BEREICH DEINES LEBENS IST ES ZEIT, DICH AUS EINER HALBHERZIGEN GESCHICHTE ZU VERABSCHIEDEN?**

..................................................

..................................................

..................................................

..................................................

**GEISTESBLITZE**

..................................................

..................................................

..................................................

**SONNTAG:**
- Schlafqualität:..............................
- Powerhandlung:..............................
- Deep-Flow-Zeiten:..........................
- Zeit für mich:................................
- ◻ Morgenritual  ◻ Abendritual

**SAMSTAG:**
- Schlafqualität:..............................
- Powerhandlung:..............................
- Deep-Flow-Zeiten:..........................
- Zeit für mich:................................
- ◻ Morgenritual  ◻ Abendritual

**FREITAG:**
- Schlafqualität:..............................
- Powerhandlung:..............................
- Deep-Flow-Zeiten:..........................
- Zeit für mich:................................
- ◻ Morgenritual  ◻ Abendritual

# Jedes Verhalten hat einen Sinn

VON KATIA SAALFRANK

*Impuls*

Wenn Erwachsene in ihrer eigenen Kindheit einen strafenden Umgang erfahren haben, verlieren sie auf Dauer den Zugang zu ihren eigenen Gefühlen und erleiden in Folge eine Form von »Gefühlsblindheit«. Gefühle jedoch sind Grundlage für ein glückliches Leben. Um den Zugang zu Gefühlen zu erlangen, habe ich ein dreistufiges Modell entwickelt und nutze das symbolische Bild des Eisbergs. In das Modell fließen wissenschaftliche Erkenntnisse ein. Es zeigt wesentliche Wirkungszusammenhänge zwischen Verhalten, Gefühlen und Bedürfnissen ins Verhältnis zueinander gesetzt, sodass das Verhalten von Kindern in jeder Situation nachvollziehbar werden kann. In der Folge wird es für Eltern möglich, entsprechende verbindende, konstruktive und entwicklungsfördernde Antworten auf der Handlungsebene zu finden und auch den Zugang zu eigenen Gefühlen wieder mehr zu erlangen. Die Perspektive auf das Verhalten von Kindern verändert sich mit der Anwendung des Eisbergmodells umgehend. Es zeigt: Jedes Verhalten hat einen Sinn. Das Verhalten selbst stellt nur das Ende einer Reaktionskette dar, die im Inneren beginnt.

**DIE SPITZE DES EISBERGS HINTERFRAGEN**
Bei Kindern wird das Handeln und Verhalten durch Fühlen und Emotionen motiviert

Wenn du ein bestimmtes Verhalten besser verstehen möchtest, mache einmal folgende Übung:

**Schritt 1:** Erinnere dich an ein Verhalten, das für dich anstrengend und unverständlich war, und beschreibe es kurz.

**Schritt 2:** Versuche, die innere Handlungskette nachzuvollziehen, und überlege, welche Gefühle unter dem Verhalten gelegen und es motiviert haben könnten. Spür dafür in dich selbst hinein.

**Schritt 3:** Welche emotionalen Grundbedürfnisse könnten diese Gefühle und damit das Verhalten ausgelöst haben?

**Schritt 4:** Wenn du nun an das Verhalten zurückdenkst, wie fühlt es sich für dich jetzt an? Hast du eine Idee, worauf die Person mit ihrem Verhalten hingewiesen haben könnte (oder welches deiner eigenen Grundbedürfnisse gerade Erfüllung suchte)?

## MEINE RÜCKSCHAU FÜR DIE LETZTEN 14 TAGE

Ich habe Sprintziel 1 erreicht:     Ja ☐     Nein ☐

Ich habe Sprintziel 2 erreicht:     Ja ☐     Nein ☐

Ich habe Sprintziel 3 erreicht:     Ja ☐     Nein ☐

**DAS LIEF IN DIESEM SPRINT SEHR GUT:**

**DAS WILL ICH IM NÄCHSTEN SPRINT VERBESSERN:**

**MEINE WERTVOLLSTEN ERKENNTNISSE:**

**ICH BIN DANKBAR FÜR:**

# Flow-Kick:
# Das tiefe Feuer deines Wofür

Wir haben schon an mehreren Stellen über die psychologische Bedeutung deines Lebenssinns gesprochen. Doch warum stimuliert die Ausrichtung auf ein größeres Wofür tatsächlich auch den Flow?

Ein Mensch, dessen Ziele sich hauptsächlich um ihn selbst drehen, ist meistens empfindlicher, was Enttäuschungen, Angst oder Schmerz betrifft. Wer sich darauf konzentriert, mit seinem Wirken im Leben anderer einen Unterschied entstehen zu lassen, wird empathischer, schmerzunempfindlicher und frusttoleranter. Dieser Mensch wird sich länger auf eine Sache konzentrieren und Hürden leichter nehmen können. Außerdem schüttet sein Gehirn zusätzlich zu den eher motivierenden Neurotransmittern wie Dopamin oder Noradrenalin auch das Vertrauens- und Wohlfühlhormon Oxytocin aus.

*Wie kannst du dies nutzen?*
- Nimm dich auf eine gute Weise wichtig.
- Liste die zehn größten Probleme der Menschheit auf.
- Welche ein bis zwei dieser Probleme berühren dich am stärksten?
- Triff die Wahl, mit dem, was du tust, zur Lösung dieser Probleme beizutragen.
- Definiere, wie genau du das machen willst.
- Schreibe deine Mission auf und häng sie gut sichtbar auf.

Wenn du mal wieder kurz davor bist zu kneifen, schau auf deine Mission und erinnere dich: Wir brauchen dich!

# Visionsdate:
# Deine Berufung und dein Beruf

Es ist Zeit für ein Date mit dir selbst! In meiner Definition von Arbeit arbeitest du immer, bis zum letzten Atemzug. Es geht nämlich nicht primär ums Geldverdienen, sondern um den schöpferischen Ausdruck deiner Selbstverwirklichung. Seit deiner Geburt arbeitest du, indem du lernst, Beziehungen aufbaust, Projekte gestaltest oder einem Beruf nachgehst. Was ist deine Berufung? Was sind deine Gaben und Stärken? Wie setzt du sie ein? Wie würde dein optimaler Beruf aussehen, wenn du dir erlauben würdest, wirklich groß zu denken und von dem Punkt zu kommen, dass dein größtes Geschenk für uns alle du in deiner freiesten Version bist? Wir werden in den kommenden Jahrzehnten tiefgreifende Erschütterungen unserer Arbeitswelt erleben. Ob sie für dich Fluch oder Segen sind, hängt viel von deiner Klarheit in diesem Bereich deiner Lebensvision ab.

*Meine freieste Vision für meine Berufung und für meinen Beruf:*

..................................................................................................................

..................................................................................................................

..................................................................................................................

..................................................................................................................

> **MEDITATIONSTIPP**
> **FÜR DEINE BERUFUNG**
>
> *»Entdecke deine wahre Größe«*
>
> siehe App

# DEIN SPRINT

## FÜHLE DEIN POWERZIEL!

Lege deine Lieblingsmusik auf, die dir Kraft spendet und zum Träumen einlädt. Blättere auf Seite 36 und tauche voll in dein Ziel ein, so als wäre es bereits verwirklicht.

*Was oder wer könnte dich in den kommenden 14 Tagen auf deinem Weg zu diesem Ziel wirksam stärken, inspirieren, unterstützen?*

..................................................................................................................................................

..................................................................................................................................................

### SPRINTZIEL 1

*Das werde ich in diesem kommenden Sprint für mein Powerziel umsetzen:*

### SPRINTZIEL 2

*Das werde ich in diesem kommenden Sprint für meine Gesamtvision umsetzen:*

### SPRINTZIEL 3

*Das werde ich in diesem kommenden Sprint für meine pure Freude umsetzen:*

### SPRINTCHECK

- ◾ Ich kann meine Sprintziele in diesem Zeitraum realistisch umsetzen.
- ◾ Meine Sprintziele fordern mich ausreichend heraus.
- ◾ Meine Sprintziele unterstützen mein Powerziel, meine Gesamtvision und meine Freude.

**WOCHE** 21 **DATUM** ..........................................

### MONTAG:
- Schlafqualität: ..........................................
- Powerhandlung: ..........................................
- Deep-Flow-Zeiten: ..........................................
- Zeit für mich: ..........................................
- Morgenritual    ▪ Abendritual

### DIENSTAG:
- Schlafqualität: ..........................................
- Powerhandlung: ..........................................
- Deep-Flow-Zeiten: ..........................................
- Zeit für mich: ..........................................
- Morgenritual    ▪ Abendritual

### MITTWOCH:
- Schlafqualität: ..........................................
- Powerhandlung: ..........................................
- Deep-Flow-Zeiten: ..........................................
- Zeit für mich: ..........................................
- Morgenritual    ▪ Abendritual

### DONNERSTAG:
- Schlafqualität: ..........................................
- Powerhandlung: ..........................................
- Deep-Flow-Zeiten: ..........................................
- Zeit für mich: ..........................................
- Morgenritual    ▪ Abendritual

### MEINE ABSICHT

..........................................

..........................................

..........................................

..........................................

### WAS IST DAS EINE, DAS DU WIRKLICH WILLST, MIT JEDER FASER DEINES SEINS?

..................................................

..................................................

..................................................

..................................................

..................................................

### GEISTESBLITZE

..................................................

..................................................

..................................................

**SONNTAG:**
- Schlafqualität: ..........................................
- Powerhandlung: ..........................................
- Deep-Flow-Zeiten: ..........................................
- Zeit für mich: ..........................................
- ▪ Morgenritual    ▪ Abendritual

**SAMSTAG:**
- Schlafqualität: ..........................................
- Powerhandlung: ..........................................
- Deep-Flow-Zeiten: ..........................................
- Zeit für mich: ..........................................
- ▪ Morgenritual    ▪ Abendritual

**FREITAG:**
- Schlafqualität: ..........................................
- Powerhandlung: ..........................................
- Deep-Flow-Zeiten: ..........................................
- Zeit für mich: ..........................................
- ▪ Morgenritual    ▪ Abendritual

**WOCHE 22** DATUM ..................................

**MONTAG:**
- Schlafqualität: ..............................
- Powerhandlung: ............................
- Deep-Flow-Zeiten: .........................
- Zeit für mich: ...............................
- Morgenritual    ■ Abendritual

**MEINE ABSICHT**
..............................................
..............................................
..............................................
..............................................

**DIENSTAG:**
- Schlafqualität: ..............................
- Powerhandlung: ............................
- Deep-Flow-Zeiten: .........................
- Zeit für mich: ...............................
- Morgenritual    ■ Abendritual

**MITTWOCH:**
- Schlafqualität: ..............................
- Powerhandlung: ............................
- Deep-Flow-Zeiten: .........................
- Zeit für mich: ...............................
- Morgenritual    ■ Abendritual

**DONNERSTAG:**
- Schlafqualität: ..............................
- Powerhandlung: ............................
- Deep-Flow-Zeiten: .........................
- Zeit für mich: ...............................
- Morgenritual    ■ Abendritual

**BIST DU EIN MENSCH, MIT DEM DU GERN DEN REST DEINES LEBENS VERBRINGEN WÜRDEST?**

..................................................

..................................................

..................................................

..................................................

..................................................

**GEISTESBLITZE**

..................................................

..................................................

..................................................

**SONNTAG:**
- Schlafqualität: ..............................
- Powerhandlung: ............................
- Deep-Flow-Zeiten: .........................
- Zeit für mich: ...............................
- ☐ Morgenritual   ☐ Abendritual

**SAMSTAG:**
- Schlafqualität: ..............................
- Powerhandlung: ............................
- Deep-Flow-Zeiten: .........................
- Zeit für mich: ...............................
- ☐ Morgenritual   ☐ Abendritual

**FREITAG:**
- Schlafqualität: ..............................
- Powerhandlung: ............................
- Deep-Flow-Zeiten: .........................
- Zeit für mich: ...............................
- ☐ Morgenritual   ☐ Abendritual

# Leben wir, um zu arbeiten – oder arbeiten wir, um zu leben?

VON TRISTAN HORX

*Impuls*

Wir alle sind auf der Suche nach dem Sinn. Ob privat oder beruflich, es geht uns nicht mehr nur um »höher, schneller, weiter«, es geht uns um viel mehr. Leider sehen wir Sinn allzu oft als Selbstsinn und Geld als das Mittel, Selbstsinn zu erlangen. Natürlich wollen wir alle in einer intakten, sinnerfüllten Gesellschaft und Wirtschaft leben. Bis dato haben wir jedoch gelernt, dass der einzige Weg dorthin Wachstum heißt – immer mehr und immer schneller. Die Frage unserer Zeit – oft als Sinnspruch zitiert und im Grunde banal – stellt sich uns so klar wie noch nie: Leben wir, um zu arbeiten – oder arbeiten wir, um zu leben? Die Sinnmaximierung ist der Versuch, wirtschaftliches und persönliches Wachstum zu vereinen. Denn wer seinen »Purpose« gefunden hat, ist produktiver. Wer Arbeit nur diametral gegenüber seinem Leben sieht, wird zwangsweise weniger Freude daran finden – und weniger Herzblut in seine Tätigkeit stecken. Freizeit impliziert, dass wir in der Arbeit eingesperrt sind – ein wahrlich dystopischer Zustand, arbeiten wir doch ein Drittel unserer Lebenszeit. Es ist ein tiefes menschliches Bedürfnis, die Gesellschaft und das eigene Umfeld zu verbessern. Wir haben keine großen Klauen oder Reißzähne. Was uns besonders macht, ist unsere Kooperationsfähigkeit. Gemeinsam lässt sich weitaus mehr bewerkstelligen, allein sind wir nur (fast) haarlose Beutetiere. So sollte das Ziel sein, Sinn in seinem Beruf zu sehen.

Wer seinen Sinn maximiert hat, kennt den Begriff Arbeit nicht mehr; er sieht Arbeit als Teil von sich selbst – und als weitaus mehr als nur eine Daseinsberechtigung.

*Was bedeutet Arbeit für dich? Und in welchen Situationen bist du erfüllt?*

..................................................................................................................................................

..................................................................................................................................................

## MEINE RÜCKSCHAU FÜR DIE LETZTEN 14 TAGE

Ich habe Sprintziel 1 erreicht:　　　　　　Ja　　　　　Nein

Ich habe Sprintziel 2 erreicht:　　　　　　Ja　　　　　Nein

Ich habe Sprintziel 3 erreicht:　　　　　　Ja　　　　　Nein

**DAS LIEF IN DIESEM SPRINT SEHR GUT:**

**DAS WILL ICH IM NÄCHSTEN SPRINT VERBESSERN:**

**MEINE WERTVOLLSTEN ERKENNTNISSE:**

**ICH BIN DANKBAR FÜR:**

# DEIN SPRINT

## FÜHLE DEIN POWERZIEL!

Lege deine Lieblingsmusik auf, die dir Kraft spendet und zum Träumen einlädt. Blättere auf Seite 36 und tauche voll in dein Ziel ein, so als wäre es bereits verwirklicht.

*Was oder wer könnte dich in den kommenden 14 Tagen auf deinem Weg zu diesem Ziel wirksam stärken, inspirieren, unterstützen?*

.................................................................................................................................................

.................................................................................................................................................

### SPRINTZIEL 1

*Das werde ich in diesem kommenden Sprint für mein Powerziel umsetzen:*

..............................................

..............................................

..............................................

### SPRINTZIEL 2

*Das werde ich in diesem kommenden Sprint für meine Gesamtvision umsetzen:*

..............................................

..............................................

..............................................

### SPRINTZIEL 3

*Das werde ich in diesem kommenden Sprint für meine pure Freude umsetzen:*

..............................................

..............................................

..............................................

---

### SPRINTCHECK

- ▪ Ich kann meine Sprintziele in diesem Zeitraum realistisch umsetzen.
- ▪ Meine Sprintziele fordern mich ausreichend heraus.
- ▪ Meine Sprintziele unterstützen mein Powerziel, meine Gesamtvision und meine Freude.

**WOCHE** 23 **DATUM** .................................................

**MONTAG:**
- Schlafqualität: ..........................................
- Powerhandlung: ........................................
- Deep-Flow-Zeiten: ...................................
- Zeit für mich: ...........................................
- ▪ Morgenritual    ▪ Abendritual

**DIENSTAG:**
- Schlafqualität: ..........................................
- Powerhandlung: ........................................
- Deep-Flow-Zeiten: ...................................
- Zeit für mich: ...........................................
- ▪ Morgenritual    ▪ Abendritual

**MITTWOCH:**
- Schlafqualität: ..........................................
- Powerhandlung: ........................................
- Deep-Flow-Zeiten: ...................................
- Zeit für mich: ...........................................
- ▪ Morgenritual    ▪ Abendritual

**DONNERSTAG:**
- Schlafqualität: ..........................................
- Powerhandlung: ........................................
- Deep-Flow-Zeiten: ...................................
- Zeit für mich: ...........................................
- ▪ Morgenritual    ▪ Abendritual

**MEINE ABSICHT**

...............................................

...............................................

...............................................

...............................................

## WO IST ES ZEIT, DASS DU MEHR IN FÜHRUNG GEHST?

..................................................

..................................................

..................................................

..................................................

..................................................

..................................................

## GEISTESBLITZE

..................................................

..................................................

..................................................

**SONNTAG:**
- Schlafqualität:............................................
- Powerhandlung:..........................................
- Deep-Flow-Zeiten:......................................
- Zeit für mich:..............................................
- ■ Morgenritual    ■ Abendritual

**SAMSTAG:**
- Schlafqualität:............................................
- Powerhandlung:..........................................
- Deep-Flow-Zeiten:......................................
- Zeit für mich:..............................................
- ■ Morgenritual    ■ Abendritual

**FREITAG:**
- Schlafqualität:............................................
- Powerhandlung:..........................................
- Deep-Flow-Zeiten:......................................
- Zeit für mich:..............................................
- ■ Morgenritual    ■ Abendritual

## WOCHE 24 DATUM ..................................

**MONTAG:**
- Schlafqualität: .................................
- Powerhandlung: ................................
- Deep-Flow-Zeiten: ............................
- Zeit für mich: ..................................
- Morgenritual   ▪ Abendritual

**MEINE ABSICHT**

..............................................................
..............................................................
..............................................................
..............................................................

**DIENSTAG:**
- Schlafqualität: .................................
- Powerhandlung: ................................
- Deep-Flow-Zeiten: ............................
- Zeit für mich: ..................................
- Morgenritual   ▪ Abendritual

**MITTWOCH:**
- Schlafqualität: .................................
- Powerhandlung: ................................
- Deep-Flow-Zeiten: ............................
- Zeit für mich: ..................................
- Morgenritual   ▪ Abendritual

**DONNERSTAG:**
- Schlafqualität: .................................
- Powerhandlung: ................................
- Deep-Flow-Zeiten: ............................
- Zeit für mich: ..................................
- Morgenritual   ▪ Abendritual

### WIE SOLL MAN SICH NACH DIESER WOCHE AN DICH ERINNERN?

........................................

........................................

........................................

........................................

........................................

### GEISTESBLITZE

........................................

........................................

........................................

**SONNTAG:**
- Schlafqualität:........................
- Powerhandlung:......................
- Deep-Flow-Zeiten:..................
- Zeit für mich:........................
- ▪ Morgenritual   ▪ Abendritual

**SAMSTAG:**
- Schlafqualität:........................
- Powerhandlung:......................
- Deep-Flow-Zeiten:..................
- Zeit für mich:........................
- ▪ Morgenritual   ▪ Abendritual

**FREITAG:**
- Schlafqualität:........................
- Powerhandlung:......................
- Deep-Flow-Zeiten:..................
- Zeit für mich:........................
- ▪ Morgenritual   ▪ Abendritual

# Mehr Lebendigkeit – Gefühle einfach fühlen

VON DANA SCHWANDT

*Impuls*

Am liebsten würden wir uns immer gut fühlen, aber so ist das Leben nicht. Wir haben manchmal Wutanfälle und fühlen uns dabei wie ein kleines Kind, Angst nagt an uns, Überforderung überflutet uns. Wir werden zum Gefühl, statt es zu haben, unterdrücken es, kontrollieren es weg.

Wir betäuben die scharfen Kanten auf beiden Seiten der Gefühlsskala, um uns nicht mehr im Gefühl zu verlieren. Unsere Strategie kann dabei alles sein: Wir essen Schokolade, wir halten Distanz zu geliebten Menschen, wir arbeiten bis zur Erschöpfung, wir konsumieren Alkohol oder jegliche Form von Drogen. Irgendwann fühlen wir uns nur noch grau.

Der Weg raus aus dem Grau? Wir müssen lernen, uns liebevoll allen Gefühlen des Menschseins entgegenzulehnen, statt auszuweichen oder uns darin zu verlieren. Wir müssen lernen, den Widerstand gegen das Gefühl gehen zu lassen, und müssen innerlich Raum schaffen, damit es sich durch uns hindurchbewegen kann. Es scheint paradox, aber wenn wir lernen, Gefühle einfach zu fühlen – ohne Drama oder Kontrolle –, verlieren sie die Macht über uns. Und in dieser Hingabe finden wir, was unser Leben lebenswert macht: unsere ganze Lebendigkeit und die Schönheit des Menschseins.

Mein Impuls für dich: Wenn du dich in einem Gefühl verlierst oder es kontrollieren willst, tritt innerlich einen Schritt zurück und beobachte: Welches Gefühl ist es? Wo in deinem Körper sitzt es? Welche Farbe und Textur hat es? Diese Fragen helfen dir, dich nicht im Gefühl zu verlieren, sondern es einfach zu fühlen und durch dich hindurchzuleiten. So verliert das Gefühl seine Macht über dich.

## MEINE RÜCKSCHAU FÜR DIE LETZTEN 14 TAGE

Ich habe Sprintziel 1 erreicht:     Ja ☐     Nein ☐

Ich habe Sprintziel 2 erreicht:     Ja ☐     Nein ☐

Ich habe Sprintziel 3 erreicht:     Ja ☐     Nein ☐

**DAS LIEF IN DIESEM SPRINT SEHR GUT:**

**DAS WILL ICH IM NÄCHSTEN SPRINT VERBESSERN:**

**MEINE WERTVOLLSTEN ERKENNTNISSE:**

**ICH BIN DANKBAR FÜR:**

# Flow-Kick: Dein Genius braucht Feedback

Dein Gehirn wurde nicht für einen Solospaziergang durch das Universum konzipiert. Es läuft erst durch Feedback zu Höchstform auf. Eine Möglichkeit, ein solches Feedback zu erfahren, ist Reflexion, zum Beispiel als Part deiner Abendroutine, indem du deine Erfolge und Erkenntnisse des Tages aufzählst. Auch der Rückblick am Ende eines Sprints ist eine solche Reflexion. Es ist, als wenn du deinem Gehirn den Spiegel vorhältst, in dem es sich besser erkennen und so schneller und mit mehr Freude lernen kann.

Eine weitere effektive Methode, deine Flow-Neurotransmitter anzukurbeln, besteht darin, dir anzugewöhnen, im Beisein deiner Liebsten und Kolleg*innen – und wenn du dich traust, ruhig auch in den sozialen Medien – deine Erfolge zu feiern. Das Sprichwort »Eigenlob stinkt« stammt aus puritanischen Zeiten und liegt falsch. Eigenlob fördert den Flow, denn es fördert die Produktion von Dopamin. Wenn du smart bist, lädst du dein gesamtes Beziehungsfeld dazu ein, Erfolge, Erkenntnisse, ja selbst Fehler laut und bewusst miteinander zu feiern.

Hast du Lust auf ein Experiment? Schnapp dir zwei Menschen, mit denen du dich sicher fühlst. Legt fest, wer von euch Person A, wer von euch Person B und wer von euch Person C ist. Person A beginnt, ihre Erfolge und Fehler des letzten Jahres aufzuzählen. Person B und C feiern jede Äußerung mit Applaus und Klatschen. Nach fünf Minuten wechselt ihr die Rollen und nach weiteren fünf Minuten wechselt ihr sie noch einmal. Achtet darauf, wie ihr euch danach fühlt. Euer Verstand mag denken: »Ich kann doch nicht meine Fehler feiern!« Euer Gehirn macht jedoch keinen Unterschied. Es liebt positives Feedback.

# Visionsdate: Erfolg und Finanzen

Es ist Zeit für ein Date mit dir selbst! Hast du eine klare Definition von Erfolg? Würdest du dich in diesem Sinne als erfolgreich bezeichnen? Für mich besteht Erfolg aus zwei Komponenten. Erstens genau zu wissen, was ich will. Und zweitens das, was ich will, auch zu bekommen. Dazu zählen auch materielle und finanzielle Ziele. Die meisten meiner Klient*innen, die wegen mangelnden Erfolgs zu mir ins Coaching kamen, hatten sich noch nicht getraut, wirklich groß zu träumen und Ziele aufzustellen, die sie auf eine positive Weise erregten und aus der Komfortzone lockten. Ich muss dich nicht persönlich kennen, um sicher zu wissen, dass du noch nicht so erfolgreich bist, wie du sein könntest. Die Frage ist: Willst du herausfinden, was noch geht?

*Meine Vision für meinen Erfolg im Berufs- und Privatleben sowie für meine materiellen und finanziellen Ziele lautet:*

..................................................................................................................

..................................................................................................................

..................................................................................................................

..................................................................................................................

**MEDITATIONSTIPP
FÜR INNEREN UND ÄUSSEREN REICHTUM**

*»Mangel ade.
Willkommen Reichtum!«*

siehe App

# DEIN SPRINT

## FÜHLE DEIN POWERZIEL!

Lege deine Lieblingsmusik auf, die dir Kraft spendet und zum Träumen einlädt. Blättere auf Seite 36 und tauche voll in dein Ziel ein, so als wäre es bereits verwirklicht.

*Was oder wer könnte dich in den kommenden 14 Tagen auf deinem Weg zu diesem Ziel wirksam stärken, inspirieren, unterstützen?*

.................................................................................................................................................

.................................................................................................................................................

### SPRINTZIEL 1

*Das werde ich in diesem kommenden Sprint für mein Powerziel umsetzen:*

### SPRINTZIEL 2

*Das werde ich in diesem kommenden Sprint für meine Gesamtvision umsetzen:*

### SPRINTZIEL 3

*Das werde ich in diesem kommenden Sprint für meine pure Freude umsetzen:*

---

### SPRINTCHECK

- Ich kann meine Sprintziele in diesem Zeitraum realistisch umsetzen.
- Meine Sprintziele fordern mich ausreichend heraus.
- Meine Sprintziele unterstützen mein Powerziel, meine Gesamtvision und meine Freude.

WOCHE  25  DATUM ..................................

### MONTAG:
- Schlafqualität:..............................................
- Powerhandlung:.............................................
- Deep-Flow-Zeiten:..........................................
- Zeit für mich:................................................
- Morgenritual     ▪ Abendritual

### DIENSTAG:
- Schlafqualität:..............................................
- Powerhandlung:.............................................
- Deep-Flow-Zeiten:..........................................
- Zeit für mich:................................................
- Morgenritual     ▪ Abendritual

### MITTWOCH:
- Schlafqualität:..............................................
- Powerhandlung:.............................................
- Deep-Flow-Zeiten:..........................................
- Zeit für mich:................................................
- Morgenritual     ▪ Abendritual

### DONNERSTAG:
- Schlafqualität:..............................................
- Powerhandlung:.............................................
- Deep-Flow-Zeiten:..........................................
- Zeit für mich:................................................
- Morgenritual     ▪ Abendritual

### MEINE ABSICHT

.................................................................

.................................................................

.................................................................

.................................................................

## HAST DU GENUG RISIKO IN DEINEM LEBEN, UM LEBENDIG ZU SEIN?

.................................................

.................................................

.................................................

.................................................

.................................................

.................................................

## GEISTESBLITZE

.................................................

.................................................

.................................................

**SONNTAG:**
- Schlafqualität: ..........................
- Powerhandlung: ..........................
- Deep-Flow-Zeiten: ..........................
- Zeit für mich: ..........................
- ▪ Morgenritual   ▪ Abendritual

**SAMSTAG:**
- Schlafqualität: ..........................
- Powerhandlung: ..........................
- Deep-Flow-Zeiten: ..........................
- Zeit für mich: ..........................
- ▪ Morgenritual   ▪ Abendritual

**FREITAG:**
- Schlafqualität: ..........................
- Powerhandlung: ..........................
- Deep-Flow-Zeiten: ..........................
- Zeit für mich: ..........................
- ▪ Morgenritual   ▪ Abendritual

**WOCHE** | 26 | **DATUM** ........................................

**MONTAG:**
- Schlafqualität: ..............................................
- Powerhandlung: ............................................
- Deep-Flow-Zeiten: .........................................
- Zeit für mich: ................................................
- ▪ Morgenritual   ▪ Abendritual

**MEINE ABSICHT**

............................................................................

............................................................................

............................................................................

**DIENSTAG:**
- Schlafqualität: ..............................................
- Powerhandlung: ............................................
- Deep-Flow-Zeiten: .........................................
- Zeit für mich: ................................................
- ▪ Morgenritual   ▪ Abendritual

**MITTWOCH:**
- Schlafqualität: ..............................................
- Powerhandlung: ............................................
- Deep-Flow-Zeiten: .........................................
- Zeit für mich: ................................................
- ▪ Morgenritual   ▪ Abendritual

**DONNERSTAG:**
- Schlafqualität: ..............................................
- Powerhandlung: ............................................
- Deep-Flow-Zeiten: .........................................
- Zeit für mich: ................................................
- ▪ Morgenritual   ▪ Abendritual

## KANNST DU NICHT ODER WILLST DU NICHT?

..................................................

..................................................

..................................................

..................................................

..................................................

## GEISTESBLITZE

..................................................

..................................................

..................................................

**SONNTAG:**
- Schlafqualität: ..............................
- Powerhandlung: ..............................
- Deep-Flow-Zeiten: ..............................
- Zeit für mich: ..............................
- ■ Morgenritual    ■ Abendritual

**SAMSTAG:**
- Schlafqualität: ..............................
- Powerhandlung: ..............................
- Deep-Flow-Zeiten: ..............................
- Zeit für mich: ..............................
- ■ Morgenritual    ■ Abendritual

**FREITAG:**
- Schlafqualität: ..............................
- Powerhandlung: ..............................
- Deep-Flow-Zeiten: ..............................
- Zeit für mich: ..............................
- ■ Morgenritual    ■ Abendritual

# Bist du unglücklich mit deinem Beruf? Dann mach es doch wie die Fußballer!

VON DR. GERALD HÜTHER

*Impuls*

Wir alle haben ein besonderes Talent für irgendetwas und wir alle wollen auf eine sinnstiftende und erfüllende Weise tätig sein. Doch dann landen wir in irgendeinem Beruf und verbringen unsere Zeit damit, Geld zu verdienen, voranzukommen und Karriere zu machen. So geht es wohl den meisten von uns; nur wenige haben das Glück, ihrer Berufung folgen zu können. So schwinden Entdeckungsfreude und Gestaltungslust dahin und damit auch die Lebendigkeit und die Freude am Leben. Allzu oft geht es nur noch ums Aushalten und Funktionieren.

Viele suchen nach einem Ausweg aus ihrem Hamsterrad und können ihn angesichts der vielen Verpflichtungen, in denen sie sich gefangen fühlen, einfach nicht finden. Dabei wäre es ganz einfach. Die Fußballer machen es doch vor: Sie nutzen ein Bein als Standbein und das andere als Spielbein. Warum betrachtest du deinen Beruf nicht einfach als das Standbein, das du brauchst, damit du mit dem anderen Bein spielerisch ausprobieren kannst, was da möglicherweise alles noch geht? Tore kann nur jemand schießen, der nicht wie angeschmiedet auf zwei Standbeinen steht.

Also: Erledige deinen Bezahljob, so gut es geht. Je erfolgreicher du dabei bist, desto leichter wirst du das andere Bein freibekommen. Das kannst du dann für all das nutzen, was dir wirklich am Herzen liegt: deiner wirklichen Berufung nachzugehen, zum Beispiel, oder dich um das zu kümmern, worum du dich schon immer kümmern wolltest, oder endlich mal auszuprobieren, wofür du eine besondere Begabung hast. Darüber endlos nachzudenken, deine verloren gegangene Lebensfreude zu beklagen und andere dafür verantwortlich zu machen, nützt nichts. Du musst es selbst ausprobieren. Nicht irgendwann, sondern jetzt, denn es ist dein Leben, das dir wie Sand durch die Zehen deiner zwei Standbeine rinnt.

## MEINE RÜCKSCHAU FÜR DIE LETZTEN 14 TAGE

Ich habe Sprintziel 1 erreicht:   Ja ☐   Nein ☐

Ich habe Sprintziel 2 erreicht:   Ja ☐   Nein ☐

Ich habe Sprintziel 3 erreicht:   Ja ☐   Nein ☐

**DAS LIEF IN DIESEM SPRINT SEHR GUT:**

**DAS WILL ICH IM NÄCHSTEN SPRINT VERBESSERN:**

**MEINE WERTVOLLSTEN ERKENNTNISSE:**

**ICH BIN DANKBAR FÜR:**

# DEIN SPRINT

## FÜHLE DEIN POWERZIEL!

Lege deine Lieblingsmusik auf, die dir Kraft spendet und zum Träumen einlädt. Blättere auf Seite 36 und tauche voll in dein Ziel ein, so als wäre es bereits verwirklicht.

*Was oder wer könnte dich in den kommenden 14 Tagen auf deinem Weg zu diesem Ziel wirksam stärken, inspirieren, unterstützen?*

..................................................................................................................................

..................................................................................................................................

### SPRINTZIEL 1

*Das werde ich in diesem kommenden Sprint für mein Powerziel umsetzen:*

### SPRINTZIEL 2

*Das werde ich in diesem kommenden Sprint für meine Gesamtvision umsetzen:*

### SPRINTZIEL 3

*Das werde ich in diesem kommenden Sprint für meine pure Freude umsetzen:*

### SPRINTCHECK

- Ich kann meine Sprintziele in diesem Zeitraum realistisch umsetzen.
- Meine Sprintziele fordern mich ausreichend heraus.
- Meine Sprintziele unterstützen mein Powerziel, meine Gesamtvision und meine Freude.

**WOCHE 27**  DATUM ........................................

**MONTAG:**
- Schlafqualität: ........................................
- Powerhandlung: ........................................
- Deep-Flow-Zeiten: ........................................
- Zeit für mich: ........................................
- Morgenritual     ▪ Abendritual

**MEINE ABSICHT**

........................................

........................................

........................................

........................................

**DIENSTAG:**
- Schlafqualität: ........................................
- Powerhandlung: ........................................
- Deep-Flow-Zeiten: ........................................
- Zeit für mich: ........................................
- Morgenritual     ▪ Abendritual

**MITTWOCH:**
- Schlafqualität: ........................................
- Powerhandlung: ........................................
- Deep-Flow-Zeiten: ........................................
- Zeit für mich: ........................................
- Morgenritual     ▪ Abendritual

**DONNERSTAG:**
- Schlafqualität: ........................................
- Powerhandlung: ........................................
- Deep-Flow-Zeiten: ........................................
- Zeit für mich: ........................................
- Morgenritual     ▪ Abendritual

## WELCHES GEHEIMNIS TRAUST DU DICH NICHT ANDEREN ZU ERZÄHLEN?

..................................................

..................................................

..................................................

..................................................

..................................................

..................................................

## GEISTESBLITZE

..................................................

..................................................

..................................................

**SONNTAG:**
- Schlafqualität: ..........................................
- Powerhandlung: ..........................................
- Deep-Flow-Zeiten: ......................................
- Zeit für mich: ............................................
- Morgenritual   ■ Abendritual

**SAMSTAG:**
- Schlafqualität: ..........................................
- Powerhandlung: ..........................................
- Deep-Flow-Zeiten: ......................................
- Zeit für mich: ............................................
- Morgenritual   ■ Abendritual

**FREITAG:**
- Schlafqualität: ..........................................
- Powerhandlung: ..........................................
- Deep-Flow-Zeiten: ......................................
- Zeit für mich: ............................................
- Morgenritual   ■ Abendritual

**WOCHE** 28 **DATUM** ..................................................

**MONTAG:**
- Schlafqualität: ...............................................
- Powerhandlung: ............................................
- Deep-Flow-Zeiten: .........................................
- Zeit für mich: ................................................
- Morgenritual    ■ Abendritual

**MEINE ABSICHT**

....................................................................

....................................................................

....................................................................

....................................................................

**DIENSTAG:**
- Schlafqualität: ...............................................
- Powerhandlung: ............................................
- Deep-Flow-Zeiten: .........................................
- Zeit für mich: ................................................
- Morgenritual    ■ Abendritual

**MITTWOCH:**
- Schlafqualität: ...............................................
- Powerhandlung: ............................................
- Deep-Flow-Zeiten: .........................................
- Zeit für mich: ................................................
- Morgenritual    ■ Abendritual

**DONNERSTAG:**
- Schlafqualität: ...............................................
- Powerhandlung: ............................................
- Deep-Flow-Zeiten: .........................................
- Zeit für mich: ................................................
- Morgenritual    ■ Abendritual

**BIST DU BEREIT, DICH HEUTE ZU VERSCHENKEN?**

.........................................

.........................................

.........................................

.........................................

.........................................

**GEISTESBLITZE**

.........................................

.........................................

.........................................

**SONNTAG:**
- Schlafqualität: ..........................
- Powerhandlung: ..........................
- Deep-Flow-Zeiten: ..........................
- Zeit für mich: ..........................
- ▪ Morgenritual    ▪ Abendritual

**SAMSTAG:**
- Schlafqualität: ..........................
- Powerhandlung: ..........................
- Deep-Flow-Zeiten: ..........................
- Zeit für mich: ..........................
- ▪ Morgenritual    ▪ Abendritual

**FREITAG:**
- Schlafqualität: ..........................
- Powerhandlung: ..........................
- Deep-Flow-Zeiten: ..........................
- Zeit für mich: ..........................
- ▪ Morgenritual    ▪ Abendritual

# Finanziell frei!

VON JESSICA SCHWARZER

*Impuls*

»Geld macht nicht glücklich.« »Geld verdirbt den Charakter.« Und überhaupt: »Über Geld spricht man nicht.« Solche Vorurteile und Glaubenssätze sind weit verbreitet. Und sie blockieren uns. Unsere Einstellung zu Geld, unser »Money Mindset«, verhindert leider oft, dass wir uns mit unseren Finanzen auseinandersetzen, dass wir das Beste aus unserem Geld machen und unseren Vermögensaufbau aktiv angehen.

Dabei geht es nicht darum, unglaublichen Reichtum anzustreben. Es geht um finanzielle Freiheit: ein bisschen mehr Spielraum, ein entspannter Blick auf das Girokonto, Altersvorfreude statt Angst vor der Altersarmut. Wir alle können unsere Finanzen optimieren.

Leider stehen wir uns dabei oft selbst im Weg. Finanzen, Geldanlage, Altersvorsorge – für viele ist das Stress pur. Wir beschäftigen uns nur sehr ungern mit dem Thema. Wir haben jede Menge mal bessere und mal schlechtere Ausreden, warum wir es nicht tun. Kein Geld, keine Zeit, kein Wissen, um nur drei zu nennen.

Hinzu kommen all die Vorurteile, die immer noch fast schon mantraartig von Generation zu Generation getragen werden. Kostprobe gefällig? »Aktien sind gefährlich.« »Die Börse ist ein Casino.« »Auf dem Konto ist das Geld sicher.« Alles falsch! Diese und andere Vorurteile dürfen wir einfach nicht mehr gelten lassen.

All die Blockaden, Glaubenssätze und Verhaltensmuster, die wir uns im Laufe unseres Lebens angeeignet haben, gilt es zu überdenken. Etwas zugespitzt könnte man sagen: Unser Gedankenstand bestimmt unseren Kontostand. Apropos, Kontostand: Geld allein mag nicht glücklich machen, aber kein Geld zu haben, kann verdammt unglücklich machen. Mein Tipp deshalb: Informieren Sie sich und werden Sie aktiv. Kreieren Sie ein neues Money Mindset für Ihre ganz persönliche finanzielle Freiheit.

# MEINE RÜCKSCHAU FÜR DIE LETZTEN 14 TAGE

Ich habe Sprintziel 1 erreicht:		Ja		Nein
Ich habe Sprintziel 2 erreicht:		Ja		Nein
Ich habe Sprintziel 3 erreicht:		Ja		Nein

**DAS LIEF IN DIESEM SPRINT SEHR GUT:**

**DAS WILL ICH IM NÄCHSTEN SPRINT VERBESSERN:**

**MEINE WERTVOLLSTEN ERKENNTNISSE:**

**ICH BIN DANKBAR FÜR:**

# Flow-Kick: Das rechte Maß an Challenge

Manche Menschen assoziieren Flow fälschlicherweise mit der Idee, immer das zu tun, was sich leicht anfühlt, ganz im Sinne von »go with the flow«. Damit unser Gehirn in den Zustand von Flow kommt, braucht es das richtige Maß an Herausforderung, sowohl was unsere Kompetenz betrifft, als auch was das Risiko angeht.

Tust du immer nur das, was du ganz sicher kannst und was nicht schiefgehen kann, schaltet dein Gehirn einen Gang runter. Es wickelt die Aufgaben nebenbei ab. So kommst du nicht in den Flow.

Nimmst du dir dagegen Ziele vor, die zu weit außerhalb deiner derzeitigen Möglichkeiten liegen und mit außergewöhnlich hohem Risiko verbunden sind, blockiert der Stress deine Kreativität.

Die Kunst liegt darin, genau das Maß an Stress zu finden, das dein Gehirn auf eine sportliche Weise zum Dazulernen und Wachsein anregt.

Wo liegt diese goldene Mitte für dich? Das musst du selbst herausfinden. Wir sind alle einzigartig designt. Was den einen erstarren lässt, turnt den anderen an. Beginne, dich genauer zu beobachten. Wo schlaffst du ab, weil dir das Level an Herausforderung zu klein ist? Wo verkrampfst du, weil du dir zu hohe oder zu riskante Ziele setzt?

Finde das Niveau, das dich positiv erregt und für das du auf eine noch angenehme Weise über dein gestriges Ich hinauswachsen musst.

Eine gute Möglichkeit, dieses Wissen praktisch anzuwenden, sind deine Sprintziele und Powerhandlungen. Du bist nun schon eine Weile dabei. Nimmst du dir eher zu viel vor oder zu wenig oder hast du bereits das richtige Maß gefunden?

# Visionsdate: Flow und Kreativität

Es ist Zeit für ein Date mit dir selbst! In diesem Buch dreht sich viel um Flow, weil ich davon ausgehe, dass die meisten Menschen aufgrund einer eher begrenzenden Erziehung und Bildung nur einen Bruchteil ihrer angeborenen Genialität leben. Stell dir einmal vor, dass du bis jetzt – so wie es nach Meinung vieler Gehirnforscher*innen tatsächlich der Fall ist – nur einen geringen Prozentsatz deines kreativen Potenzials lebst. Das Wissen, um es zu aktivieren, ist da. Doch die Reise in deine Möglichkeiten beginnt mit einer kühnen Vision. Wie oft und wie tief willst du am Tag Flow erfahren? Wie intelligent, kreativ, künstlerisch möchtest du leben? Vergiss, was dir die Noten und Lehrer*innen in der Schule erzählt haben. Du wurdest als Genie geboren. Es ist Zeit, es noch mehr zu wecken.

*Meine Vision für Kreativität und Flow in meinem Leben:*

..................................................................................................................................................

..................................................................................................................................................

..................................................................................................................................................

..................................................................................................................................................

**MEDITATIONSTIPP
FÜR SELBSTVERTRAUEN**

*»Deine freiere Version«*

siehe App

# DEIN SPRINT

## FÜHLE DEIN POWERZIEL!

Lege deine Lieblingsmusik auf, die dir Kraft spendet und zum Träumen einlädt. Blättere auf Seite 36 und tauche voll in dein Ziel ein, so als wäre es bereits verwirklicht.

*Was oder wer könnte dich in den kommenden 14 Tagen auf deinem Weg zu diesem Ziel wirksam stärken, inspirieren, unterstützen?*

......................................................................................................................................................

......................................................................................................................................................

### SPRINTZIEL 1

*Das werde ich in diesem kommenden Sprint für mein Powerziel umsetzen:*

..............................

..............................

..............................

### SPRINTZIEL 2

*Das werde ich in diesem kommenden Sprint für meine Gesamtvision umsetzen:*

..............................

..............................

..............................

### SPRINTZIEL 3

*Das werde ich in diesem kommenden Sprint für meine pure Freude umsetzen:*

..............................

..............................

..............................

---

**SPRINTCHECK**

- ▪ Ich kann meine Sprintziele in diesem Zeitraum realistisch umsetzen.
- ▪ Meine Sprintziele fordern mich ausreichend heraus.
- ▪ Meine Sprintziele unterstützen mein Powerziel, meine Gesamtvision und meine Freude.

**WOCHE** 29 **DATUM** ..........................................

**MONTAG:**
- Schlafqualität:..........................................
- Powerhandlung:..........................................
- Deep-Flow-Zeiten:..........................................
- Zeit für mich:..........................................
- Morgenritual   ■ Abendritual

**MEINE ABSICHT**

..........................................

..........................................

..........................................

..........................................

**DIENSTAG:**
- Schlafqualität:..........................................
- Powerhandlung:..........................................
- Deep-Flow-Zeiten:..........................................
- Zeit für mich:..........................................
- Morgenritual   ■ Abendritual

**MITTWOCH:**
- Schlafqualität:..........................................
- Powerhandlung:..........................................
- Deep-Flow-Zeiten:..........................................
- Zeit für mich:..........................................
- Morgenritual   ■ Abendritual

**DONNERSTAG:**
- Schlafqualität:..........................................
- Powerhandlung:..........................................
- Deep-Flow-Zeiten:..........................................
- Zeit für mich:..........................................
- Morgenritual   ■ Abendritual

### BEZWEIFELST DU MANCHMAL DEINE ZWEIFEL?

..................................................

..................................................

..................................................

..................................................

..................................................

..................................................

### GEISTESBLITZE

..................................................

..................................................

..................................................

**SONNTAG:**
- Schlafqualität: ..............................
- Powerhandlung: ............................
- Deep-Flow-Zeiten: ........................
- Zeit für mich: ................................
- Morgenritual   ■ Abendritual

**SAMSTAG:**
- Schlafqualität: ..............................
- Powerhandlung: ............................
- Deep-Flow-Zeiten: ........................
- Zeit für mich: ................................
- Morgenritual   ■ Abendritual

**FREITAG:**
- Schlafqualität: ..............................
- Powerhandlung: ............................
- Deep-Flow-Zeiten: ........................
- Zeit für mich: ................................
- Morgenritual   ■ Abendritual

## WOCHE 30 DATUM ..................

### MONTAG:
- Schlafqualität: ...........................
- Powerhandlung: ...........................
- Deep-Flow-Zeiten: ........................
- Zeit für mich: ...........................
- ▪ Morgenritual  ▪ Abendritual

### MEINE ABSICHT

..................................................

..................................................

..................................................

..................................................

### DIENSTAG:
- Schlafqualität: ...........................
- Powerhandlung: ...........................
- Deep-Flow-Zeiten: ........................
- Zeit für mich: ...........................
- ▪ Morgenritual  ▪ Abendritual

### MITTWOCH:
- Schlafqualität: ...........................
- Powerhandlung: ...........................
- Deep-Flow-Zeiten: ........................
- Zeit für mich: ...........................
- ▪ Morgenritual  ▪ Abendritual

### DONNERSTAG:
- Schlafqualität: ...........................
- Powerhandlung: ...........................
- Deep-Flow-Zeiten: ........................
- Zeit für mich: ...........................
- ▪ Morgenritual  ▪ Abendritual

**BIST DU BEREIT, DEIN RECHTHABEN LOSZULASSEN?**

..................................

..................................

..................................

..................................

..................................

**GEISTESBLITZE**

..................................

..................................

..................................

**SONNTAG:**
- Schlafqualität:..................
- Powerhandlung:..................
- Deep-Flow-Zeiten:..............
- Zeit für mich:...................
- Morgenritual    ▪ Abendritual

**SAMSTAG:**
- Schlafqualität:..................
- Powerhandlung:..................
- Deep-Flow-Zeiten:..............
- Zeit für mich:...................
- Morgenritual    ▪ Abendritual

**FREITAG:**
- Schlafqualität:..................
- Powerhandlung:..................
- Deep-Flow-Zeiten:..............
- Zeit für mich:...................
- Morgenritual    ▪ Abendritual

# So kommst du zurück in deinen Flow

VON LARS AMEND

*Impuls*

Lass mich dir von einem Moment im Herbst 2018 erzählen. Gerade war mein Ratgeber *Why Not?* erschienen, der auf Anhieb ein großer Erfolg wurde, und nun sollte ein Folgebuch her. Ich wartete auf Inspiration. Doch nichts passierte. Mein Unterbewusstsein war derart blockiert von der Vorstellung, mein aktuelles Buch übertrumpfen zu müssen, dass ich völlig meinen Fokus verloren hatte. Eine Woche verging, zwei Wochen, drei Wochen. Nichts passierte. Irgendwann stolperte ich über ein Zitat von Jay-Z: »Wenn du im Studio bist, musst du Künstler sein. Wenn du das Studio verlässt, musst du Geschäftsmann sein. Aber du darfst kein Geschäftsmann im Studio sein.« Diese Worte waren ein echter Gamechanger für mich. Ich schaltete meine Gedanken aus, öffnete mein Herz und begann zu schreiben. Es war mir egal, ob ich kein Buch oder Tausende verkaufen würde. Sofort kam die Euphorie zurück, die Ideen sprudelten und mit jeder Seite, die sich füllte, begriff ich auch die wahre Lektion hinter diesem Erlebnis: Versuche niemals zu gefallen! Schreib auf, was sich für dich richtig anfühlt, auch wenn du dich dadurch verletzlich zeigst. Nur so kannst du wirklich etwas bei jenen Menschen erreichen, die deine Worte lesen oder hören.

Hier kommen drei Tipps für dich:

- **Wenn es nicht läuft, erzwinge nichts.** Lass sofort alles stehen und liegen und beschäftige dich lieber mit etwas anderem: geh spazieren, einkaufen oder schau dir eine Serie an. Kehre später mit frischen Augen an deine Arbeit zurück.
- **Etabliere dein Ziel des Tages.** Wenn du ständig an die 300 leeren Seiten denkst, die noch vor dir liegen, dann kann dich diese Aussicht lähmen. Deshalb lenke deinen Fokus nur auf dein Tagwerk, also auf jene zwei bis drei Seiten, die heute vor dir liegen. Das ist nämlich absolut machbar.
- **Die Antworten kommen beim Gehen.** Warte nicht auf die göttliche Inspiration, sondern fange einfach irgendwo an. Du wirst überrascht sein, welche Ideen dir kommen werden, während du ganz im Jetzt bist und deiner Arbeit nachgehst.

## MEINE RÜCKSCHAU FÜR DIE LETZTEN 14 TAGE

Ich habe Sprintziel 1 erreicht:    Ja ☐    Nein ☐

Ich habe Sprintziel 2 erreicht:    Ja ☐    Nein ☐

Ich habe Sprintziel 3 erreicht:    Ja ☐    Nein ☐

**DAS LIEF IN DIESEM SPRINT SEHR GUT:**

**DAS WILL ICH IM NÄCHSTEN SPRINT VERBESSERN:**

**MEINE WERTVOLLSTEN ERKENNTNISSE:**

**ICH BIN DANKBAR FÜR:**

# DEIN SPRINT

## FÜHLE DEIN POWERZIEL!

Lege deine Lieblingsmusik auf, die dir Kraft spendet und zum Träumen einlädt. Blättere auf Seite 36 und tauche voll in dein Ziel ein, so als wäre es bereits verwirklicht.

*Was oder wer könnte dich in den kommenden 14 Tagen auf deinem Weg zu diesem Ziel wirksam stärken, inspirieren, unterstützen?*

..........................................................................................................................................................

..........................................................................................................................................................

### SPRINTZIEL 1

*Das werde ich in diesem kommenden Sprint für mein Powerziel umsetzen:*

...............................................

...............................................

...............................................

### SPRINTZIEL 2

*Das werde ich in diesem kommenden Sprint für meine Gesamtvision umsetzen:*

...............................................

...............................................

...............................................

### SPRINTZIEL 3

*Das werde ich in diesem kommenden Sprint für meine pure Freude umsetzen:*

...............................................

...............................................

...............................................

---

**SPRINTCHECK**

- Ich kann meine Sprintziele in diesem Zeitraum realistisch umsetzen.
- Meine Sprintziele fordern mich ausreichend heraus.
- Meine Sprintziele unterstützen mein Powerziel, meine Gesamtvision und meine Freude.

**WOCHE** 31 **DATUM** ....................................

**MONTAG:**
- Schlafqualität: ..........................................
- Powerhandlung: ........................................
- Deep-Flow-Zeiten: ....................................
- Zeit für mich: ............................................
- ☐ Morgenritual  ☐ Abendritual

**MEINE ABSICHT**

..........................................................

..........................................................

..........................................................

..........................................................

**DIENSTAG:**
- Schlafqualität: ..........................................
- Powerhandlung: ........................................
- Deep-Flow-Zeiten: ....................................
- Zeit für mich: ............................................
- ☐ Morgenritual  ☐ Abendritual

**MITTWOCH:**
- Schlafqualität: ..........................................
- Powerhandlung: ........................................
- Deep-Flow-Zeiten: ....................................
- Zeit für mich: ............................................
- ☐ Morgenritual  ☐ Abendritual

**DONNERSTAG:**
- Schlafqualität: ..........................................
- Powerhandlung: ........................................
- Deep-Flow-Zeiten: ....................................
- Zeit für mich: ............................................
- ☐ Morgenritual  ☐ Abendritual

### WAS HABEN DIR DEINE SORGEN JE GUTES GEBRACHT?

...................................

...................................

...................................

...................................

...................................

...................................

### GEISTESBLITZE

...................................

...................................

...................................

**SONNTAG:**
- Schlafqualität: ...................
- Powerhandlung: ...................
- Deep-Flow-Zeiten: ...................
- Zeit für mich: ...................
- ■ Morgenritual   ■ Abendritual

**SAMSTAG:**
- Schlafqualität: ...................
- Powerhandlung: ...................
- Deep-Flow-Zeiten: ...................
- Zeit für mich: ...................
- ■ Morgenritual   ■ Abendritual

**FREITAG:**
- Schlafqualität: ...................
- Powerhandlung: ...................
- Deep-Flow-Zeiten: ...................
- Zeit für mich: ...................
- ■ Morgenritual   ■ Abendritual

**WOCHE** 32 **DATUM** ........................................

**MONTAG:**
- Schlafqualität: ..............................
- Powerhandlung: ..............................
- Deep-Flow-Zeiten: ..............................
- Zeit für mich: ..............................
- Morgenritual    ■ Abendritual

**MEINE ABSICHT**

..............................
..............................
..............................
..............................

**DIENSTAG:**
- Schlafqualität: ..............................
- Powerhandlung: ..............................
- Deep-Flow-Zeiten: ..............................
- Zeit für mich: ..............................
- Morgenritual    ■ Abendritual

**MITTWOCH:**
- Schlafqualität: ..............................
- Powerhandlung: ..............................
- Deep-Flow-Zeiten: ..............................
- Zeit für mich: ..............................
- Morgenritual    ■ Abendritual

**DONNERSTAG:**
- Schlafqualität: ..............................
- Powerhandlung: ..............................
- Deep-Flow-Zeiten: ..............................
- Zeit für mich: ..............................
- Morgenritual    ■ Abendritual

### WOFÜR BIST DU HEUTE MORGEN AUFGESTANDEN?

..................................

..................................

..................................

..................................

..................................

### GEISTESBLITZE

..................................

..................................

..................................

**SONNTAG:**
- Schlafqualität:..........................
- Powerhandlung:..........................
- Deep-Flow-Zeiten:......................
- Zeit für mich:............................
- ▪ Morgenritual    ▪ Abendritual

**SAMSTAG:**
- Schlafqualität:..........................
- Powerhandlung:..........................
- Deep-Flow-Zeiten:......................
- Zeit für mich:............................
- ▪ Morgenritual    ▪ Abendritual

**FREITAG:**
- Schlafqualität:..........................
- Powerhandlung:..........................
- Deep-Flow-Zeiten:......................
- Zeit für mich:............................
- ▪ Morgenritual    ▪ Abendritual

# Das Licht deines Herzens – Visualisierungsmeditation

VON WANDA BADWAL

*Impuls*

Diese geführte Meditation verbindet dich mit dem Licht deines Herzens, der Essenz deines Seins. Sie fördert Mitgefühl und hilft dir, Gefühle wie Traurigkeit oder Angst liebevoll zu umarmen. Sie stärkt Mut und deine Strahlkraft.

Bevor du beginnst, lies dir die folgende Anleitung zweimal durch, sodass du währenddessen nicht mehr nachlesen musst und ganz in deiner Praxis versinken kannst. Stelle zudem sicher, dass du für mindestens zehn Minuten ungestört bist.

- Setze dich aufrecht und bequem hin. Schließe deine Augen. Entspanne die Schultern, den unteren Bauch und deine Gesichtszüge.
- Werde dir deines Atems bewusst. Nimm wahr, wie sich der Brustraum mit jeder Einatmung hebt und mit jeder Ausatmung senkt. Spüre mit jeder Einatmung, wie du neue, frische Energie aufnimmst, und mit jeder Ausatmung, wie du Altes loslässt. Mit jeder Einatmung wird das Herz weit, mit jeder Ausatmung wird es weicher. Verfolge noch ein paar Momente die Bewegung deines Atems im Herzraum.
- Nimm nun wahr, wie du mit jeder Einatmung heilsames Licht aus allen Richtungen aufnimmst und es in dein Herz fließt. Spüre mit der Ausatmung, wie dieses Licht in deinen gesamten Körper ausstrahlt. Wiederhole diese dynamische Energieführung noch für ein paar Minuten.
- Im nächsten Schritt halte am Ende der Einatmung den Atem kurz an, sammle die Energie. Spüre in dieser Atempause, wie das Licht deines Herzens wie eine kraftvolle Sonne ausstrahlt. Wiederhole dies ein paarmal und lade dich so immer mehr mit heilender Energie auf.
- Jede Zelle deines Körpers und dein Geist sind von Licht durchflutet und erfrischt. Löse den Atemfokus und verweile noch ein paar Minuten in Stille, in dem Bewusstsein, dass du aus purem Licht und Liebe bestehst.

# MEINE RÜCKSCHAU FÜR DIE LETZTEN 14 TAGE

Ich habe Sprintziel 1 erreicht:  Ja ☐  Nein ☐

Ich habe Sprintziel 2 erreicht:  Ja ☐  Nein ☐

Ich habe Sprintziel 3 erreicht:  Ja ☐  Nein ☐

**DAS LIEF IN DIESEM SPRINT SEHR GUT:**

........................................

........................................

........................................

........................................

**DAS WILL ICH IM NÄCHSTEN SPRINT VERBESSERN:**

........................................

........................................

........................................

........................................

**MEINE WERTVOLLSTEN ERKENNTNISSE:**

........................................

........................................

........................................

........................................

**ICH BIN DANKBAR FÜR:**

........................................

........................................

........................................

........................................

# Flow-Kick: Flow braucht Pausen

Oh, ich weiß, es klingt so banal, aber jetzt mal ehrlich: Machst du genug Pausen? Wir haben gelernt, Pausen als nicht produktive Zeiten zu betrachten, für die wir uns halb rechtfertigen müssen. Doch wir wissen mittlerweile aus der Hirnforschung, dass unser Gehirn Phasen des Nichtstuns braucht, um Lernprozesse zu vollenden, Neurotransmitter umzubauen und kreative Entscheidungen im unbewussten Hintergrund zu treffen. Also, sieh ab jetzt Pausen als hoch schöpferische Phasen.

Allerdings gibt es einen Haken: Pausen entfalten nur dann ihre volle Wirkung, wenn wir uns wirklich von weiterem Input abstöpseln. Das heißt: Fernsehen, Zeitung lesen, Surfen in den sozialen Medien etc. sind keine wirklichen Ruhezeiten für unser Gehirn.

Was zählt, sind: Spaziergänge, Meditation, Sauna, Massagen, Yoga oder einfach Löcher in den Himmel starren. Es ist empfehlenswert, den Körper mit einzubeziehen, sei es durch sanfte Bewegung, Berührung oder sonstige Aktivierung der Sinne.

Die spannende Frage lautet: Wie viele Pausen brauchen wir und wie lang sollten sie sein? Natürlich sind wir alle verschieden, doch hier eine ungefähre Faustregel für das Minimum:

- nach jeder Deep-Flow-Phase: etwa 20 bis 30 Minuten
- am Abend: 1 bis 2 Stunden vor dem Schlafengehen
- am Wochenende: mindestens ein voller freier Tag
- pro Monat: mindestens ein verlängertes Wochenende
- pro Jahr: zwei längere Auszeiten von mindestens zwei Wochen

Für alle stark leistungsorientierten Menschen – zu denen ich mich übrigens auch zähle – habe ich noch eine gute Nachricht: Du wirst tatsächlich mehr umsetzen als sonst, wenn du so clever bist und dich ausruhst.

# Visionsdate: Familie und Elternschaft

Es ist Zeit für ein Date mit dir selbst! Unsere Familie sollte die solide, herzliche Basis bei unseren Weltabenteuern sein. Allen, die mit ihrer Ursprungsfamilie nicht klarkommen oder keine Kids haben, möchte ich einige den Geist dehnende Gedanken mitgeben: Erstens, wir dürfen uns als Erwachsene unsere geistige Familie aussuchen und aktiv gestalten. Das können unsere Verwandten, aber auch völlig neue Menschen sein. Zweitens, Elternschaft begrenzen wir in unserem Verständnis nicht nur auf leibliche Kinder. Manchen bleibt diese Erfahrung verwehrt. Andere wollen sie gar nicht. Wir können auch auf vielen anderen Wegen Verantwortung für die Kinder dieser Erde aufnehmen. Wir sehen es sogar noch größer: Elternschaft kann auch bedeuten, ein kreatives Projekt oder ein Unternehmen zu gebären und zu betreuen, bis es allein laufen kann.

Du bist einmalig. Dein Lebensweg ist einzigartig. Es ist dein Recht, deine Familie (sowohl in Größe als auch in Qualität) zu definieren und zu wählen, ob und wie du Elternschaft erleben möchtest. Alles beginnt mit deiner kühnen Vision.

*Meine Vision für meine Familie:*

..................................................................................................................................................

..................................................................................................................................................

..................................................................................................................................................

### MEDITATIONSTIPP FÜR FRIEDEN

## »Sei ein Werkzeug des Friedens«

*siehe App*

# DEIN SPRINT

## FÜHLE DEIN POWERZIEL!

Lege deine Lieblingsmusik auf, die dir Kraft spendet und zum Träumen einlädt. Blättere auf Seite 36 und tauche voll in dein Ziel ein, so als wäre es bereits verwirklicht.

*Was oder wer könnte dich in den kommenden 14 Tagen auf deinem Weg zu diesem Ziel wirksam stärken, inspirieren, unterstützen?*

..................................................................................................................................................

..................................................................................................................................................

### SPRINTZIEL 1

*Das werde ich in diesem kommenden Sprint für mein Powerziel umsetzen:*

..............................................

..............................................

..............................................

### SPRINTZIEL 2

*Das werde ich in diesem kommenden Sprint für meine Gesamtvision umsetzen:*

..............................................

..............................................

..............................................

### SPRINTZIEL 3

*Das werde ich in diesem kommenden Sprint für meine pure Freude umsetzen:*

..............................................

..............................................

..............................................

### SPRINTCHECK

- ☐ Ich kann meine Sprintziele in diesem Zeitraum realistisch umsetzen.
- ☐ Meine Sprintziele fordern mich ausreichend heraus.
- ☐ Meine Sprintziele unterstützen mein Powerziel, meine Gesamtvision und meine Freude.

# NOTIZEN

## WOCHE 33 DATUM ..........

**MONTAG:**
- Schlafqualität: ..........
- Powerhandlung: ..........
- Deep-Flow-Zeiten: ..........
- Zeit für mich: ..........
- ▪ Morgenritual   ▪ Abendritual

**DIENSTAG:**
- Schlafqualität: ..........
- Powerhandlung: ..........
- Deep-Flow-Zeiten: ..........
- Zeit für mich: ..........
- ▪ Morgenritual   ▪ Abendritual

**MITTWOCH:**
- Schlafqualität: ..........
- Powerhandlung: ..........
- Deep-Flow-Zeiten: ..........
- Zeit für mich: ..........
- ▪ Morgenritual   ▪ Abendritual

**DONNERSTAG:**
- Schlafqualität: ..........
- Powerhandlung: ..........
- Deep-Flow-Zeiten: ..........
- Zeit für mich: ..........
- ▪ Morgenritual   ▪ Abendritual

**MEINE ABSICHT**

WENN DU IN DEN LETZTEN 20 MINUTEN DEINES LEBENS AUF DIESEN MOMENT JETZT GERADE SCHAUST, WAS WIRD DANN WICHTIG GEWESEN SEIN?

..........................................

..........................................

..........................................

..........................................

..........................................

GEISTESBLITZE

..........................................

..........................................

..........................................

**SONNTAG:**
- Schlafqualität:..........................................
- Powerhandlung:..........................................
- Deep-Flow-Zeiten:..........................................
- Zeit für mich:..........................................
- Morgenritual   ▪ Abendritual

**SAMSTAG:**
- Schlafqualität:..........................................
- Powerhandlung:..........................................
- Deep-Flow-Zeiten:..........................................
- Zeit für mich:..........................................
- Morgenritual   ▪ Abendritual

**FREITAG:**
- Schlafqualität:..........................................
- Powerhandlung:..........................................
- Deep-Flow-Zeiten:..........................................
- Zeit für mich:..........................................
- Morgenritual   ▪ Abendritual

**WOCHE** 34 **DATUM** ...........................

**MONTAG:**
- Schlafqualität: ...........................
- Powerhandlung: ...........................
- Deep-Flow-Zeiten: ...........................
- Zeit für mich: ...........................
- Morgenritual    ■ Abendritual

**MEINE ABSICHT**

**DIENSTAG:**
- Schlafqualität: ...........................
- Powerhandlung: ...........................
- Deep-Flow-Zeiten: ...........................
- Zeit für mich: ...........................
- Morgenritual    ■ Abendritual

**MITTWOCH:**
- Schlafqualität: ...........................
- Powerhandlung: ...........................
- Deep-Flow-Zeiten: ...........................
- Zeit für mich: ...........................
- Morgenritual    ■ Abendritual

**DONNERSTAG:**
- Schlafqualität: ...........................
- Powerhandlung: ...........................
- Deep-Flow-Zeiten: ...........................
- Zeit für mich: ...........................
- Morgenritual    ■ Abendritual

## BIST DU BEREIT FÜR EINE WOCHE VOLLER WUNDER?

..................................................
..................................................
..................................................
..................................................
..................................................
..................................................

## GEISTESBLITZE

..................................................
..................................................
..................................................

### SONNTAG:
- Schlafqualität:..................................
- Powerhandlung:..................................
- Deep-Flow-Zeiten:..............................
- Zeit für mich:....................................
- Morgenritual    ■ Abendritual

### SAMSTAG:
- Schlafqualität:..................................
- Powerhandlung:..................................
- Deep-Flow-Zeiten:..............................
- Zeit für mich:....................................
- Morgenritual    ■ Abendritual

### FREITAG:
- Schlafqualität:..................................
- Powerhandlung:..................................
- Deep-Flow-Zeiten:..............................
- Zeit für mich:....................................
- Morgenritual    ■ Abendritual

# Unsere Kinder werden so, wie wir sie sehen

VON ANDRÉ STERN

*Impuls*

Kinder sind die Zukunft der Welt. Kinder können alles werden und alles lernen, sie sind dafür geschaffen, so wie wir alle es waren, als wir auf die Welt kamen. Denn unsere genetischen Programme können nicht wissen, wo und wann wir auf die Welt kommen werden. Sie wissen nicht, worauf sie uns vorbereiten sollen.

Also besteht ihre Lösung darin, uns bei der Geburt mit allen möglichen Potenzialen auszustatten. Damit sich in diesem überdimensionierten Bestand auf jeden Fall die wenigen Potenziale befinden, die wir brauchen, um in unserer spezifischen Umwelt zu überleben. Aus diesem Grund sind die Kinder dieser Welt, die wir aufgrund unserer Bildungskultur und unserer allgemeinen erzieherischen Marotten immer als das Kleinste auf Erden behandeln, in Wirklichkeit Riesen. Sie sind Riesen der Potenziale, Riesen der Zukunft.

Wenn es in diesem Text nur einen sich zu merkenden Satz gibt, dann wäre es der folgende: Unsere Kinder werden so, wie wir sie sehen.

Durch unsere allgemeine Haltung, die auf einem völligen Mangel an Vertrauen beruht, haben wir das Getto der Kindheit geschaffen, in das wir alle Kinder der Welt stecken. Wir sitzen außerhalb davon, blicken auf die Kindheit und diskutieren darüber, welche Regelungen und Einrichtungen wir für die Bewohner*innen des Gettos entwickeln sollten – ohne sie jemals dazu zu befragen.

In ihrem Wunsch, bei uns zu sein, überwinden die Kinder die Gettomauern. Sie sitzen dann neben uns und um ihren anderen Wunsch zu befriedigen – das zu tun, was wir tun –, beginnen sie, sich selbst aus unserer Perspektive zu betrachten. Und werden so, wie wir sie sehen. Wenn wir sie als kleine, bedürftige Dinge sehen, als Objekte unserer Maßnahmen und Konzepte, dann werden sie genau das. Wenn wir sie als das sehen, was sie sind, als Riesen der Potenziale, die alles lernen und werden können, was Menschen werden und lernen können, dann werden sie genau das.

Hier ist sie, die Zukunftswerkstatt.

Und wir haben bereits alle Werkzeuge in der Hand.

## MEINE RÜCKSCHAU FÜR DIE LETZTEN 14 TAGE

Ich habe Sprintziel 1 erreicht:     Ja ☐     Nein ☐

Ich habe Sprintziel 2 erreicht:     Ja ☐     Nein ☐

Ich habe Sprintziel 3 erreicht:     Ja ☐     Nein ☐

**DAS LIEF IN DIESEM SPRINT SEHR GUT:**

**DAS WILL ICH IM NÄCHSTEN SPRINT VERBESSERN:**

**MEINE WERTVOLLSTEN ERKENNTNISSE:**

**ICH BIN DANKBAR FÜR:**

# DEIN SPRINT

## FÜHLE DEIN POWERZIEL!

Lege deine Lieblingsmusik auf, die dir Kraft spendet und zum Träumen einlädt. Blättere auf Seite 36 und tauche voll in dein Ziel ein, so als wäre es bereits verwirklicht.

*Was oder wer könnte dich in den kommenden 14 Tagen auf deinem Weg zu diesem Ziel wirksam stärken, inspirieren, unterstützen?*

..................................................................................................................................................

..................................................................................................................................................

### SPRINTZIEL 1

*Das werde ich in diesem kommenden Sprint für mein Powerziel umsetzen:*

..........................................

..........................................

..........................................

### SPRINTZIEL 2

*Das werde ich in diesem kommenden Sprint für meine Gesamtvision umsetzen:*

..........................................

..........................................

..........................................

### SPRINTZIEL 3

*Das werde ich in diesem kommenden Sprint für meine pure Freude umsetzen:*

..........................................

..........................................

..........................................

---

**SPRINTCHECK**

- ▪ Ich kann meine Sprintziele in diesem Zeitraum realistisch umsetzen.
- ▪ Meine Sprintziele fordern mich ausreichend heraus.
- ▪ Meine Sprintziele unterstützen mein Powerziel, meine Gesamtvision und meine Freude.

## WOCHE 35 DATUM ...........................

**MONTAG:**
- Schlafqualität: ........................................
- Powerhandlung: ........................................
- Deep-Flow-Zeiten: ....................................
- Zeit für mich: ..........................................
- ▪ Morgenritual    ▪ Abendritual

**DIENSTAG:**
- Schlafqualität: ........................................
- Powerhandlung: ........................................
- Deep-Flow-Zeiten: ....................................
- Zeit für mich: ..........................................
- ▪ Morgenritual    ▪ Abendritual

**MITTWOCH:**
- Schlafqualität: ........................................
- Powerhandlung: ........................................
- Deep-Flow-Zeiten: ....................................
- Zeit für mich: ..........................................
- ▪ Morgenritual    ▪ Abendritual

**DONNERSTAG:**
- Schlafqualität: ........................................
- Powerhandlung: ........................................
- Deep-Flow-Zeiten: ....................................
- Zeit für mich: ..........................................
- ▪ Morgenritual    ▪ Abendritual

**MEINE ABSICHT**

..............................................................

..............................................................

..............................................................

..............................................................

## WER IST DEIN GRÖSSTES VORBILD UND WARUM?

..................................
..................................
..................................
..................................
..................................
..................................

## GEISTESBLITZE

..................................
..................................
..................................

**SONNTAG:**
- Schlafqualität: ..................
- Powerhandlung: ..................
- Deep-Flow-Zeiten: ..................
- Zeit für mich: ..................
- ▪ Morgenritual   ▪ Abendritual

**SAMSTAG:**
- Schlafqualität: ..................
- Powerhandlung: ..................
- Deep-Flow-Zeiten: ..................
- Zeit für mich: ..................
- ▪ Morgenritual   ▪ Abendritual

**FREITAG:**
- Schlafqualität: ..................
- Powerhandlung: ..................
- Deep-Flow-Zeiten: ..................
- Zeit für mich: ..................
- ▪ Morgenritual   ▪ Abendritual

## WOCHE 36 DATUM ...........................................

**MONTAG:**
- Schlafqualität: ...........................................
- Powerhandlung: ...........................................
- Deep-Flow-Zeiten: ...........................................
- Zeit für mich: ...........................................
- ▪ Morgenritual   ▪ Abendritual

**MEINE ABSICHT**

...........................................

...........................................

...........................................

...........................................

**DIENSTAG:**
- Schlafqualität: ...........................................
- Powerhandlung: ...........................................
- Deep-Flow-Zeiten: ...........................................
- Zeit für mich: ...........................................
- ▪ Morgenritual   ▪ Abendritual

**MITTWOCH:**
- Schlafqualität: ...........................................
- Powerhandlung: ...........................................
- Deep-Flow-Zeiten: ...........................................
- Zeit für mich: ...........................................
- ▪ Morgenritual   ▪ Abendritual

**DONNERSTAG:**
- Schlafqualität: ...........................................
- Powerhandlung: ...........................................
- Deep-Flow-Zeiten: ...........................................
- Zeit für mich: ...........................................
- ▪ Morgenritual   ▪ Abendritual

**WELCHE TIEFE SEHNSUCHT BEWEGT DICH GERADE? GIBST DU IHR DEINE VOLLE KRAFT?**

..................................................

..................................................

..................................................

..................................................

..................................................

**GEISTESBLITZE**

..................................................

..................................................

..................................................

**SONNTAG:**
- Schlafqualität: ..........................................
- Powerhandlung: ........................................
- Deep-Flow-Zeiten: ....................................
- Zeit für mich: ............................................
- Morgenritual     ■ Abendritual

**SAMSTAG:**
- Schlafqualität: ..........................................
- Powerhandlung: ........................................
- Deep-Flow-Zeiten: ....................................
- Zeit für mich: ............................................
- Morgenritual     ■ Abendritual

**FREITAG:**
- Schlafqualität: ..........................................
- Powerhandlung: ........................................
- Deep-Flow-Zeiten: ....................................
- Zeit für mich: ............................................
- Morgenritual     ■ Abendritual

# 42 Grad

VON NINA GRIMM

*Impuls*

Hast du eine klare Vorstellung davon, wie du Familie leben möchtest? Und wirst du in den Stressmomenten des Familienalltags trotzdem immer wieder zu der Person, die du nie sein wolltest? Mein persönlicher Geheimtipp, um das zu durchbrechen, geht zurück auf eine persönliche Geschichte:

Am 23. Mai 2018 bekam mein sechs Wochen alter Sohn Mogli sehr hohes Fieber. Kurzerhand fuhr ich mit ihm ins Krankenhaus, wo das Personal alles tat, um das Fieber zu senken. Aber es sank nicht. Es stieg. Und stieg. Und stieg. Ich kann mich noch so gut an den Moment erinnern, als ich neben ihm im Bett lag und auf den Monitor starrte: 42 Grad. Das Verrückte war: Während es um mich herum immer panischer wurde, war *ich* so ruhig wie noch nie. Diese Ruhe trug mich durch die Nacht, die Mogli nur sehr knapp überlebte. Und diese Ruhe nahm ich mit nach Hause. Es war unmöglich, mich über etwas zu ärgern, das mit meinen Kindern zu tun hatte, denn da war so eine tiefe Dankbarkeit und Demut, dass sie lebten. Joa, und das hielt dann so ... sieben, acht Tage? Danach hatte mich der Alltag erneut gefressen und ich ärgerte mich aufs Neue über Kleinigkeiten, schimpfte wegen Banalitäten. Als ich mal wieder mitten in einem Konflikt mit meiner Tochter war, kam mir plötzlich wieder diese Nacht in den Sinn. Ich dachte mir:

*Wenn ich wüsste, dass das mein letztes Mal mit dir ist –*
*dann würde ich anders auf dich blicken.*

Laut kognitiver Verhaltenstherapie beginnt die Art, wie wir uns verhalten und wie wir fühlen, immer mit einem Gedanken. Deshalb denke ich in den Stressmomenten des Familienalltags an die 42. Dieser Gedanke hilft mir, die Person zu sein, die ich wirklich bin.

Wenn du magst, dann leih ich dir für deine nächste Konfliktsituation mit deinen Liebsten den Gedanken an die 42. Denn du musst nicht auf ein Nahtoderlebnis warten, um dich für das Wunder des Lebens zu öffnen, das euer Alltag ist.

## MEINE RÜCKSCHAU FÜR DIE LETZTEN 14 TAGE

Ich habe Sprintziel 1 erreicht:      Ja ☐      Nein ☐

Ich habe Sprintziel 2 erreicht:      Ja ☐      Nein ☐

Ich habe Sprintziel 3 erreicht:      Ja ☐      Nein ☐

**DAS LIEF IN DIESEM SPRINT SEHR GUT:**

**DAS WILL ICH IM NÄCHSTEN SPRINT VERBESSERN:**

**MEINE WERTVOLLSTEN ERKENNTNISSE:**

**ICH BIN DANKBAR FÜR:**

# Flow-Kick: Dein Alltag, der Abenteuerspielplatz

Versuche dir einmal vorzustellen, wie unsicher unsere Vorfahren über viele Jahrtausende gelebt haben. Natürlich war dies auch anstrengend und gefährlich. Doch es hat ihren Geist auch stark in seiner Entwicklung angeregt. Wenn unser Leben zu monoton wird, schaltet unser Gehirn auf Autopilot. So ist kein Flow möglich. Wir brauchen drei Elemente, um oft und tief in diesen wunderbar lebendigen Zustand zu kommen:

- **Neuartigkeit:** Hast du dein Privatleben und deine Arbeit so konzipiert, dass du möglichst täglich mit etwas Neuem konfrontiert bist? Das kann ein unbekanntes Thema, eine ungewohnte Frage oder eine neue Aufgabe sein.
- **Unvorhersehbarkeit:** Erlebst du deinen Alltag wie eine leicht variierende Endlosschleife derselben Abläufe oder passieren häufig unvorhergesehene Dinge?
- **Komplexität:** Bist du geistig bequem und mutest dir nur bekannte Herausforderungen zu oder konfrontierst du dich immer wieder mit Aufgaben einer bis dato noch nicht von dir gemeisterten Komplexität?

Ich drücke es mal hart aus: Wenn die drei Elemente über eine längere Zeit fehlen, verblödest du schleichend. Das kann man sogar messen. Deine Nervenzellen reduzieren den Grad ihrer Vernetzung. Das willst du sicher nicht, oder? Also mach den Check:

- Machst oder lernst du regelmäßig etwas wahrhaft Neues?
- Gibt es in deinem Alltag – privat und beruflich – Raum für Überraschungen?
- Sind deine Herausforderungen so komplex, dass du permanent etwas dazulernen kannst und musst?

# Visionsdate: Eros und Passion

Es ist Zeit für ein Date mit dir selbst! Die zwei Themen Eros und Passion sind bewusst in einem Lebensbereich kombiniert, weil wir glauben, dass wir unsere Leidenschaft nicht nur in Sinnlichkeit und Sexualität ausleben können, sondern auch in anderen Bereichen, wie unserer Berufung, dem Sport oder der Kunst. Sex und lustvolle Selbstverwirklichung sind zwei zentrale Quellen deines Selbstwerts. Lebst du eine für dich würdevolle und erfüllte Sexualität? Und hast du auch darüber hinaus viele Anlässe für Begeisterung und Passion? Vielleicht berührt dieses Thema auch offene Wunden in dir. Nutze die Gelegenheit, gestalte ein für dich sinnliches Date und denke dabei groß.

*Wenn alles möglich wäre und du dir das Recht zugestehen würdest, lustvoll und frei zu leben, wie würdest du gern deinen Eros und deine Passion ausdrücken?*

..................................................................................................................

..................................................................................................................

..................................................................................................................

..................................................................................................................

---

**MEDITATIONSTIPP
FÜR EIN GUTES KÖRPERGEFÜHL**

*»Coming Home – die Seele kehrt in den Körper zurück«*

siehe App

# DEIN SPRINT

## FÜHLE DEIN POWERZIEL!

Lege deine Lieblingsmusik auf, die dir Kraft spendet und zum Träumen einlädt. Blättere auf Seite 36 und tauche voll in dein Ziel ein, so als wäre es bereits verwirklicht.

*Was oder wer könnte dich in den kommenden 14 Tagen auf deinem Weg zu diesem Ziel wirksam stärken, inspirieren, unterstützen?*

..................................................................................................................................

..................................................................................................................................

### SPRINTZIEL 1

*Das werde ich in diesem kommenden Sprint für mein Powerziel umsetzen:*

### SPRINTZIEL 2

*Das werde ich in diesem kommenden Sprint für meine Gesamtvision umsetzen:*

### SPRINTZIEL 3

*Das werde ich in diesem kommenden Sprint für meine pure Freude umsetzen:*

---

### SPRINTCHECK

- Ich kann meine Sprintziele in diesem Zeitraum realistisch umsetzen.
- Meine Sprintziele fordern mich ausreichend heraus.
- Meine Sprintziele unterstützen mein Powerziel, meine Gesamtvision und meine Freude.

# NOTIZEN

**WOCHE** | 37 | **DATUM** .................................................

### MONTAG:
- Schlafqualität: ..............................................
- Powerhandlung: ............................................
- Deep-Flow-Zeiten: ........................................
- Zeit für mich: ...............................................
- ▪ Morgenritual   ▪ Abendritual

### MEINE ABSICHT

..................................................................

..................................................................

..................................................................

..................................................................

### DIENSTAG:
- Schlafqualität: ..............................................
- Powerhandlung: ............................................
- Deep-Flow-Zeiten: ........................................
- Zeit für mich: ...............................................
- ▪ Morgenritual   ▪ Abendritual

### MITTWOCH:
- Schlafqualität: ..............................................
- Powerhandlung: ............................................
- Deep-Flow-Zeiten: ........................................
- Zeit für mich: ...............................................
- ▪ Morgenritual   ▪ Abendritual

### DONNERSTAG:
- Schlafqualität: ..............................................
- Powerhandlung: ............................................
- Deep-Flow-Zeiten: ........................................
- Zeit für mich: ...............................................
- ▪ Morgenritual   ▪ Abendritual

LUST AUF EIN EXPERIMENT?
MACHE HEUTE JEDEM
MENSCHEN, DEM
DU BEGEGNEST, EIN
AUFRICHTIG GEMEINTES
KOMPLIMENT. BEOBACHTE,
WAS DABEI PASSIERT.

........................................

........................................

........................................

........................................

**GEISTESBLITZE**

........................................

........................................

........................................

**SONNTAG:**
- Schlafqualität:..................................
- Powerhandlung:................................
- Deep-Flow-Zeiten:............................
- Zeit für mich:...................................
- Morgenritual    ■ Abendritual

**SAMSTAG:**
- Schlafqualität:..................................
- Powerhandlung:................................
- Deep-Flow-Zeiten:............................
- Zeit für mich:...................................
- Morgenritual    ■ Abendritual

**FREITAG:**
- Schlafqualität:..................................
- Powerhandlung:................................
- Deep-Flow-Zeiten:............................
- Zeit für mich:...................................
- Morgenritual    ■ Abendritual

## WOCHE 38 DATUM ...............................................

**MONTAG:**
- Schlafqualität: ..............................................
- Powerhandlung: ............................................
- Deep-Flow-Zeiten: ........................................
- Zeit für mich: ...............................................
- ▪ Morgenritual   ▪ Abendritual

**DIENSTAG:**
- Schlafqualität: ..............................................
- Powerhandlung: ............................................
- Deep-Flow-Zeiten: ........................................
- Zeit für mich: ...............................................
- ▪ Morgenritual   ▪ Abendritual

**MITTWOCH:**
- Schlafqualität: ..............................................
- Powerhandlung: ............................................
- Deep-Flow-Zeiten: ........................................
- Zeit für mich: ...............................................
- ▪ Morgenritual   ▪ Abendritual

**DONNERSTAG:**
- Schlafqualität: ..............................................
- Powerhandlung: ............................................
- Deep-Flow-Zeiten: ........................................
- Zeit für mich: ...............................................
- ▪ Morgenritual   ▪ Abendritual

**MEINE ABSICHT**

.........................................................
.........................................................
.........................................................
.........................................................

**WANN HAST DU DAS LETZTE MAL DEINE KOMFORTZONE VERLASSEN UND ETWAS VERRÜCKTES, PEINLICHES, UNSICHERES, NEUES … GEMACHT?**

..................................................

..................................................

..................................................

..................................................

**GEISTESBLITZE**

..................................................

..................................................

..................................................

**SONNTAG:**
- Schlafqualität:..........................................
- Powerhandlung:........................................
- Deep-Flow-Zeiten:....................................
- Zeit für mich:............................................
- ◼ Morgenritual  ◼ Abendritual

**SAMSTAG:**
- Schlafqualität:..........................................
- Powerhandlung:........................................
- Deep-Flow-Zeiten:....................................
- Zeit für mich:............................................
- ◼ Morgenritual  ◼ Abendritual

**FREITAG:**
- Schlafqualität:..........................................
- Powerhandlung:........................................
- Deep-Flow-Zeiten:....................................
- Zeit für mich:............................................
- ◼ Morgenritual  ◼ Abendritual

# Genusskompass für guten Sex – finde deine Sprache für deine Wünsche

VON KRISTINA MARLEN

*Impuls*

Dein Körper ist eine Ressource und unfassbar weise. Er weiß, was dir guttut. Es lohnt sich zuzuhören! Wir glauben, unsere sinnliche Erfüllung liegt in der Begegnung mit einem Menschen, den wir begehren. Wenn unser Begehren schwindet, machen wir die Beziehung dafür verantwortlich. Dein Sex mit deinem Gegenüber kann jedoch nur so intim, erfüllend und nah werden, wie du im Kontakt mit dir bist. Das erfordert Mut.

Ermutige dich, wieder deinem Körper zu lauschen! Frage dich: Was verschafft mir Genuss? Wie verstärke ich etwas, das mir guttut? Wie bewege ich mich weg von etwas, das mich nicht nährt? Die folgende Genusskompassübung hilft dabei:

- Nimm eine bequeme Position ein, sitzend oder liegend, bekleidet oder unbekleidet. Lass dich voll auf deinen Atem ein. Nimm deinen Körper wahr und frage dich, wo du jetzt eine Berührung brauchen könntest. Lass deine Hand dort landen, ganz sanft. Lausche, was die Hand wahrnimmt. Lausche, wie dein Körper auf die Berührung reagiert. Es ist ein Dialog.
- Brauchst du eine sanfte oder eher eine feste und erdige Berührung? Vielleicht umarmst du dich, legst dein Gesicht in deine Handflächen oder eine Hand auf deine Genitalien. Befreie dich von dem Druck, dass etwas erregend sein muss.
- Welche Gefühle kommen in dir auf? Will sich die Hand weiterbewegen? Will sie dort bleiben, wo sie ist? Wo ist sie willkommen?
- Formuliere nun deine Erkenntnisse für dich und kommuniziere sie bei der nächsten sinnlichen Begegnung. Zum Beispiel: »Ich mag es, wenn ich während einer Berührung ganz still liegen bleiben kann.« Oder: »Ich mag das Gefühl von kleinen Klapsen auf meiner Haut.« Oder: »Ich mag sanfte streichelnde Berührungen an meinem Hals.«

Die Erlaubnis, deine Gefühle zu fühlen und auszudrücken, kann enorme Sprengkraft entwickeln. Es ist Magie. Du bist Schöpfer*in deiner sinnlichen Realität. Wenn du zulässt, wie mächtig du bist, darf in dein Leben sinnliche Erfüllung einfließen.

So entstehen wahre Sexgöttinnen und Sexgötter!

# MEINE RÜCKSCHAU FÜR DIE LETZTEN 14 TAGE

Ich habe Sprintziel 1 erreicht:  Ja ☐  Nein ☐

Ich habe Sprintziel 2 erreicht:  Ja ☐  Nein ☐

Ich habe Sprintziel 3 erreicht:  Ja ☐  Nein ☐

**DAS LIEF IN DIESEM SPRINT SEHR GUT:**

..........................................

..........................................

..........................................

..........................................

**DAS WILL ICH IM NÄCHSTEN SPRINT VERBESSERN:**

..........................................

..........................................

..........................................

..........................................

**MEINE WERTVOLLSTEN ERKENNTNISSE:**

..........................................

..........................................

..........................................

..........................................

**ICH BIN DANKBAR FÜR:**

..........................................

..........................................

..........................................

..........................................

# DEIN SPRINT

## FÜHLE DEIN POWERZIEL!

Lege deine Lieblingsmusik auf, die dir Kraft spendet und zum Träumen einlädt. Blättere auf Seite 36 und tauche voll in dein Ziel ein, so als wäre es bereits verwirklicht.

*Was oder wer könnte dich in den kommenden 14 Tagen auf deinem Weg zu diesem Ziel wirksam stärken, inspirieren, unterstützen?*

..............................................................................................................................................

..............................................................................................................................................

### SPRINTZIEL 1

*Das werde ich in diesem kommenden Sprint für mein Powerziel umsetzen:*

........................................

........................................

........................................

### SPRINTZIEL 2

*Das werde ich in diesem kommenden Sprint für meine Gesamtvision umsetzen:*

........................................

........................................

........................................

### SPRINTZIEL 3

*Das werde ich in diesem kommenden Sprint für meine pure Freude umsetzen:*

........................................

........................................

........................................

---

### SPRINTCHECK

- ■ Ich kann meine Sprintziele in diesem Zeitraum realistisch umsetzen.
- ■ Meine Sprintziele fordern mich ausreichend heraus.
- ■ Meine Sprintziele unterstützen mein Powerziel, meine Gesamtvision und meine Freude.

**WOCHE 39 DATUM** ..................................................

**MONTAG:**
- Schlafqualität: ...........................................
- Powerhandlung: .........................................
- Deep-Flow-Zeiten: ....................................
- Zeit für mich: ...........................................
- Morgenritual    ■ Abendritual

**MEINE ABSICHT**
..................................................
..................................................
..................................................
..................................................

**DIENSTAG:**
- Schlafqualität: ...........................................
- Powerhandlung: .........................................
- Deep-Flow-Zeiten: ....................................
- Zeit für mich: ...........................................
- Morgenritual    ■ Abendritual

**MITTWOCH:**
- Schlafqualität: ...........................................
- Powerhandlung: .........................................
- Deep-Flow-Zeiten: ....................................
- Zeit für mich: ...........................................
- Morgenritual    ■ Abendritual

**DONNERSTAG:**
- Schlafqualität: ...........................................
- Powerhandlung: .........................................
- Deep-Flow-Zeiten: ....................................
- Zeit für mich: ...........................................
- Morgenritual    ■ Abendritual

### WO UND WIE HÄLTST DU DICH NOCH ZURÜCK? WAS WÄRE, WENN DU HEUTE DAMIT AUFHÖRST?

.................................................

.................................................

.................................................

.................................................

.................................................

.................................................

### GEISTESBLITZE

.................................................

.................................................

.................................................

---

**SONNTAG:**
- Schlafqualität:.................
- Powerhandlung:.................
- Deep-Flow-Zeiten:.................
- Zeit für mich:.................
- ☐ Morgenritual  ☐ Abendritual

**SAMSTAG:**
- Schlafqualität:.................
- Powerhandlung:.................
- Deep-Flow-Zeiten:.................
- Zeit für mich:.................
- ☐ Morgenritual  ☐ Abendritual

**FREITAG:**
- Schlafqualität:.................
- Powerhandlung:.................
- Deep-Flow-Zeiten:.................
- Zeit für mich:.................
- ☐ Morgenritual  ☐ Abendritual

**WOCHE** | 40 | **DATUM** ..................................................

**MONTAG:**
- Schlafqualität: ..................................................
- Powerhandlung: ..................................................
- Deep-Flow-Zeiten: ..................................................
- Zeit für mich: ..................................................
- ▪ Morgenritual   ▪ Abendritual

**MEINE ABSICHT**

..................................................

..................................................

..................................................

..................................................

**DIENSTAG:**
- Schlafqualität: ..................................................
- Powerhandlung: ..................................................
- Deep-Flow-Zeiten: ..................................................
- Zeit für mich: ..................................................
- ▪ Morgenritual   ▪ Abendritual

**MITTWOCH:**
- Schlafqualität: ..................................................
- Powerhandlung: ..................................................
- Deep-Flow-Zeiten: ..................................................
- Zeit für mich: ..................................................
- ▪ Morgenritual   ▪ Abendritual

**DONNERSTAG:**
- Schlafqualität: ..................................................
- Powerhandlung: ..................................................
- Deep-Flow-Zeiten: ..................................................
- Zeit für mich: ..................................................
- ▪ Morgenritual   ▪ Abendritual

## WENN DU DIR VERTRAUEN WÜRDEST, WAS WÄRE DEIN NÄCHSTER RICHTIGER SCHRITT?

..................................

..................................

..................................

..................................

..................................

## GEISTESBLITZE

..................................

..................................

..................................

### SONNTAG:
- Schlafqualität: ...........................
- Powerhandlung: ..........................
- Deep-Flow-Zeiten: .......................
- Zeit für mich: ............................
- ☐ Morgenritual   ☐ Abendritual

### SAMSTAG:
- Schlafqualität: ...........................
- Powerhandlung: ..........................
- Deep-Flow-Zeiten: .......................
- Zeit für mich: ............................
- ☐ Morgenritual   ☐ Abendritual

### FREITAG:
- Schlafqualität: ...........................
- Powerhandlung: ..........................
- Deep-Flow-Zeiten: .......................
- Zeit für mich: ............................
- ☐ Morgenritual   ☐ Abendritual

# Der Sinnesschwamm

VON MAREEN SCHOLL

**Impuls**

Wie viel Lust und Genuss erlaubst du dir im Alltag zu empfinden? Vielleicht hast du für deine Lust festgelegte Regeln, Orte oder Momente. Vielleicht spürst du sie manchmal, unterdrückst sie jedoch sofort wieder. Was, wenn jeder Moment, jedes Spüren und jedes Forschen erotisch sein darf? Lasse von allen Bildern los, die du von Sinnlichkeit, Genuss, Lust und Ekstase hast, und werde dir deiner Sinne gewahr. Hören, Sehen, Riechen, Schmecken, Tasten – jeder einzelne Sinn kann genau das sein: sinnlich.

Beginnen wir mit dem Tastsinn. Setze dich entspannt hin, lehne dich zurück, nimm dir ein Objekt, ein natürliches Material oder eine Pflanze, schließe die Augen und erforsche es in aller Langsamkeit. Sei mit deiner vollen Aufmerksamkeit bei dem, was du an deinen Fingerspitzen spürst. Atme tief ein und erlaube dir, mit deinem Atem alle Empfindungen und Gefühle tief in deinen Körper aufzunehmen und mit dem Ausatmen durch deinen ganzen Körper strömen zu lassen, bis in dein Herz, deinen Bauch, dein Becken, deine Zehen, deine Finger und dein Kopfzentrum hinein. Erlaube dir zu genießen, was du spürst. Erlaube dir, ganz Eros zu sein.

Wähle einen weiteren Sinn und gehe genauso vor wie zuvor. Sei mit deiner Aufmerksamkeit etwa ganz beim Geschmack der Erdbeere oder des Honigbrots am Frühstückstisch. Atme über deine Geschmacksknospen jede Nuance in dich hinein, bis in dein Becken. Nimm dir deinen Genuss, genieße deine Lust.

Übe dich in diesem Spüren, Aufnehmen und Aufsaugen mit jedem deiner Sinne. Schenke dir deine volle Präsenz und Sinnlichkeit. Was verändert das, wenn du so dir selbst in deinem Solosex begegnest, beim Spaziergang im Wald, an der Kasse im Supermarkt, in einer intimen Begegnung mit einem anderen Körper? Du kannst dir für ein solches Sammeln von Fülle gerne 30 Minuten deiner Zeit nehmen – oder einfach einen sinnlich-bewussten Moment mitten in deinem Alltag. Jederzeit.

## MEINE RÜCKSCHAU FÜR DIE LETZTEN 14 TAGE

Ich habe Sprintziel 1 erreicht:          Ja          Nein

Ich habe Sprintziel 2 erreicht:          Ja          Nein

Ich habe Sprintziel 3 erreicht:          Ja          Nein

**DAS LIEF IN DIESEM SPRINT SEHR GUT:**

**DAS WILL ICH IM NÄCHSTEN SPRINT VERBESSERN:**

**MEINE WERTVOLLSTEN ERKENNTNISSE:**

**ICH BIN DANKBAR FÜR:**

# Flow-Kick: Wenn sich Geist und Körper vereinen

Hinter dem Begriff Embodiment steht die wissenschaftlich vielfältig dokumentierte Erkenntnis, dass Körper und Geist untrennbar miteinander verflochten sind. Die Evolution hat uns nicht als Schreibtischheld*innen konzipiert. Wir sind verkörperte Wesen. Die Einbeziehung deines Körpers ist von wesentlicher Bedeutung für dein Lernen und auch für deine Flow-Erfahrungen. Es gibt viele Möglichkeiten, deinen Körper wieder mehr miteinzubeziehen, und zwar nicht nur dreimal pro Woche beim Sport, sondern immer wieder in deinem Alltag.

Hier eine Liste meiner »Lieblingsübungen« für mehr Embodiment im Alltag. Lass dich gern inspirieren. Auf jeden Fall nutze den Impuls, um für dich zu überprüfen, ob du gut mit deinem Körper verbunden bist.

- Regelmäßige Dehnübungen am Schreibtisch
- Kurze Yogaeinheiten nach einer Deep-Flow-Phase
- Bewusstes, tiefes Ein- und Ausatmen über mehrere Minuten
- Aktive Meditationen
- Ein Arbeitsplatz, an dem du stehen kannst
- Eine Akupressurmatte, auf der du stehen oder liegen kannst, oder für die Füße unter dem Schreibtisch
- Kurze Tanzeinlagen zu deiner Lieblingsmusik
- Massagen
- Sauna
- Kraftsport
- Streicheln, längere Umarmungen
- Guter Sex

# Visionsdate: Deine Form der Spiritualität

Es ist Zeit für ein Date mit dir selbst! Ist es nicht erstaunlich, dass so viele Menschen einfach ein vorgegebenes Glaubenssystem ihrer Religion übernehmen und gar nicht auf die Idee kommen, sich selbstständig und intensiv mit den Grundpfeilern ihrer Existenz auseinanderzusetzen? Für mich bedeutet Spiritualität, sich mutig und immer wieder neu mit den existenziellen Fragen eines menschlichen Lebens auseinanderzusetzen: Wer bin ich? Warum bin ich hier? Was ist Leben und was ist Tod? Was ist Leid und was ist Glück?

Deine Antworten auf diese Fragen bilden das Fundament all deiner Gedanken, Gefühle und Entscheidungen. Deshalb möchte ich dich ermutigen, dein spirituelles Manifest mit deinen ganz persönlichen Antworten auf diese Fragen zu schreiben.

..............................................................................................................................

..............................................................................................................................

..............................................................................................................................

..............................................................................................................................

..............................................................................................................................

**MEDITATIONSTIPP
FÜR STILLE UND SELBSTHEILUNG**

*»Quanten-Selbstheilung«*

*siehe App*

# DEIN SPRINT

## FÜHLE DEIN POWERZIEL!

Lege deine Lieblingsmusik auf, die dir Kraft spendet und zum Träumen einlädt. Blättere auf Seite 36 und tauche voll in dein Ziel ein, so als wäre es bereits verwirklicht.

*Was oder wer könnte dich in den kommenden 14 Tagen auf deinem Weg zu diesem Ziel wirksam stärken, inspirieren, unterstützen?*

..................................................................................................................................

..................................................................................................................................

### SPRINTZIEL 1

*Das werde ich in diesem kommenden Sprint für mein Powerziel umsetzen:*

..........................................

..........................................

..........................................

### SPRINTZIEL 2

*Das werde ich in diesem kommenden Sprint für meine Gesamtvision umsetzen:*

..........................................

..........................................

..........................................

### SPRINTZIEL 3

*Das werde ich in diesem kommenden Sprint für meine pure Freude umsetzen:*

..........................................

..........................................

..........................................

---

### SPRINTCHECK

- Ich kann meine Sprintziele in diesem Zeitraum realistisch umsetzen.
- Meine Sprintziele fordern mich ausreichend heraus.
- Meine Sprintziele unterstützen mein Powerziel, meine Gesamtvision und meine Freude.

## WOCHE 41 DATUM ................................

**MONTAG:**
- Schlafqualität: ........................................
- Powerhandlung: ........................................
- Deep-Flow-Zeiten: ....................................
- Zeit für mich: ..........................................
- ▪ Morgenritual    ▪ Abendritual

**MEINE ABSICHT**

........................................................

........................................................

........................................................

........................................................

**DIENSTAG:**
- Schlafqualität: ........................................
- Powerhandlung: ........................................
- Deep-Flow-Zeiten: ....................................
- Zeit für mich: ..........................................
- ▪ Morgenritual    ▪ Abendritual

**MITTWOCH:**
- Schlafqualität: ........................................
- Powerhandlung: ........................................
- Deep-Flow-Zeiten: ....................................
- Zeit für mich: ..........................................
- ▪ Morgenritual    ▪ Abendritual

**DONNERSTAG:**
- Schlafqualität: ........................................
- Powerhandlung: ........................................
- Deep-Flow-Zeiten: ....................................
- Zeit für mich: ..........................................
- ▪ Morgenritual    ▪ Abendritual

### WIE ANDERS WÜRDEST DU DIESEN MOMENT WAHRNEHMEN, WENN DU DICH ENTSPANNST?

..................................

..................................

..................................

..................................

..................................

..................................

### GEISTESBLITZE

..................................

..................................

..................................

**SONNTAG:**
- Schlafqualität:..................................
- Powerhandlung:..................................
- Deep-Flow-Zeiten:..................................
- Zeit für mich:..................................
- Morgenritual   ■ Abendritual

**SAMSTAG:**
- Schlafqualität:..................................
- Powerhandlung:..................................
- Deep-Flow-Zeiten:..................................
- Zeit für mich:..................................
- Morgenritual   ■ Abendritual

**FREITAG:**
- Schlafqualität:..................................
- Powerhandlung:..................................
- Deep-Flow-Zeiten:..................................
- Zeit für mich:..................................
- Morgenritual   ■ Abendritual

**WOCHE** | 42 | **DATUM** .........................................

**MONTAG:**
- Schlafqualität:..............................................
- Powerhandlung:............................................
- Deep-Flow-Zeiten:.........................................
- Zeit für mich:...............................................
- ▪ Morgenritual   ▪ Abendritual

**MEINE ABSICHT**

..............................................................
..............................................................
..............................................................
..............................................................

**DIENSTAG:**
- Schlafqualität:..............................................
- Powerhandlung:............................................
- Deep-Flow-Zeiten:.........................................
- Zeit für mich:...............................................
- ▪ Morgenritual   ▪ Abendritual

**MITTWOCH:**
- Schlafqualität:..............................................
- Powerhandlung:............................................
- Deep-Flow-Zeiten:.........................................
- Zeit für mich:...............................................
- ▪ Morgenritual   ▪ Abendritual

**DONNERSTAG:**
- Schlafqualität:..............................................
- Powerhandlung:............................................
- Deep-Flow-Zeiten:.........................................
- Zeit für mich:...............................................
- ▪ Morgenritual   ▪ Abendritual

### FÜHLEN SICH MENSCHEN IN DEINER ANWESENHEIT SICHER UND GELIEBT?

.................................................

.................................................

.................................................

.................................................

.................................................

### GEISTESBLITZE

.................................................

.................................................

.................................................

**SONNTAG:**
- Schlafqualität:...........................................
- Powerhandlung:.........................................
- Deep-Flow-Zeiten:......................................
- Zeit für mich:............................................
- Morgenritual     ■ Abendritual

**SAMSTAG:**
- Schlafqualität:...........................................
- Powerhandlung:.........................................
- Deep-Flow-Zeiten:......................................
- Zeit für mich:............................................
- Morgenritual     ■ Abendritual

**FREITAG:**
- Schlafqualität:...........................................
- Powerhandlung:.........................................
- Deep-Flow-Zeiten:......................................
- Zeit für mich:............................................
- Morgenritual     ■ Abendritual

# Habe keine Angst vor deinem spirituellen Weg

VON LAURA MALINA SEILER

*Impuls*

Vielleicht kennst du das Gefühl, in manchen Momenten Angst vor dem eigenen spirituellen Weg zu haben, weil *du intuitiv spürst*, dass der Moment, in dem du beginnst, dich für deine eigene spirituelle Dimension zu öffnen, alles verändern wird. Es gibt kein Zurück mehr, wenn wir einmal beginnen, unser Bewusstsein zu öffnen. Und es gibt einen Teil in uns, der sich vor genau dieser Transformation fürchtet. Denn die spirituelle Transformation wird dich dazu auffordern, deinen Selbstbetrug zu beenden und ehrlich hinzuschauen, wo du nicht in Einklang mit deinem Herzen lebst. Sie wird dich auffordern, deine Masken abzunehmen und dich dem Leben gegenüber verletzlich zu zeigen. Sie wird dich auffordern, nicht weiter ein Leben zu leben, das nach außen gut aussieht, sich aber nach innen leer anfühlt. Vor allen Dingen wird sie dich auffordern, deinen Platz hier in der Welt einzunehmen und nicht länger klein zu spielen. Dein spiritueller Weg wird dich all die Blockaden erkennen lassen, die du im Laufe deines Lebens gegen die Liebe aufgebaut hast, und dich bitten, diese Mauern einzureißen. Er wird dich vor die Frage stellen, wer du wirklich bist. Spiritualität ist anstrengend. Aber wenn du dir erlaubst, diesen Weg zu gehen, wirst du deine größte Freiheit darin finden.

*Wer bist du wirklich, wenn du ganz tief in dich hineinspürst?*

..................................................................................................................

..................................................................................................................

..................................................................................................................

..................................................................................................................

## MEINE RÜCKSCHAU FÜR DIE LETZTEN 14 TAGE

Ich habe Sprintziel 1 erreicht:  Ja ☐  Nein ☐

Ich habe Sprintziel 2 erreicht:  Ja ☐  Nein ☐

Ich habe Sprintziel 3 erreicht:  Ja ☐  Nein ☐

**DAS LIEF IN DIESEM SPRINT SEHR GUT:**

........................................................
........................................................
........................................................
........................................................

**DAS WILL ICH IM NÄCHSTEN SPRINT VERBESSERN:**

........................................................
........................................................
........................................................
........................................................

**MEINE WERTVOLLSTEN ERKENNTNISSE:**

........................................................
........................................................
........................................................
........................................................

**ICH BIN DANKBAR FÜR:**

........................................................
........................................................
........................................................
........................................................

# DEIN SPRINT

## FÜHLE DEIN POWERZIEL!

Lege deine Lieblingsmusik auf, die dir Kraft spendet und zum Träumen einlädt. Blättere auf Seite 36 und tauche voll in dein Ziel ein, so als wäre es bereits verwirklicht.

*Was oder wer könnte dich in den kommenden 14 Tagen auf deinem Weg zu diesem Ziel wirksam stärken, inspirieren, unterstützen?*

..................................................................................................................................................

..................................................................................................................................................

### SPRINTZIEL 1

*Das werde ich in diesem kommenden Sprint für mein Powerziel umsetzen:*

### SPRINTZIEL 2

*Das werde ich in diesem kommenden Sprint für meine Gesamtvision umsetzen:*

### SPRINTZIEL 3

*Das werde ich in diesem kommenden Sprint für meine pure Freude umsetzen:*

---

### SPRINTCHECK

- ☐ Ich kann meine Sprintziele in diesem Zeitraum realistisch umsetzen.
- ☐ Meine Sprintziele fordern mich ausreichend heraus.
- ☐ Meine Sprintziele unterstützen mein Powerziel, meine Gesamtvision und meine Freude.

**WOCHE** 43 **DATUM** ...........................................

**MONTAG:**
- Schlafqualität: ..........................................
- Powerhandlung: ..........................................
- Deep-Flow-Zeiten: ..........................................
- Zeit für mich: ..........................................
- Morgenritual    ▪ Abendritual

**MEINE ABSICHT**

..........................................

..........................................

..........................................

..........................................

**DIENSTAG:**
- Schlafqualität: ..........................................
- Powerhandlung: ..........................................
- Deep-Flow-Zeiten: ..........................................
- Zeit für mich: ..........................................
- Morgenritual    ▪ Abendritual

**MITTWOCH:**
- Schlafqualität: ..........................................
- Powerhandlung: ..........................................
- Deep-Flow-Zeiten: ..........................................
- Zeit für mich: ..........................................
- Morgenritual    ▪ Abendritual

**DONNERSTAG:**
- Schlafqualität: ..........................................
- Powerhandlung: ..........................................
- Deep-Flow-Zeiten: ..........................................
- Zeit für mich: ..........................................
- Morgenritual    ▪ Abendritual

**WO UND WIE KÄMPFST DU GERADE GEGEN DAS, WAS IST? WERDE WEICH. LASS LOS.**

..........................................

..........................................

..........................................

..........................................

..........................................

**GEISTESBLITZE**

..........................................

..........................................

..........................................

**SONNTAG:**
- Schlafqualität:..........................
- Powerhandlung:........................
- Deep-Flow-Zeiten:....................
- Zeit für mich:............................
- ■ Morgenritual   ■ Abendritual

**SAMSTAG:**
- Schlafqualität:..........................
- Powerhandlung:........................
- Deep-Flow-Zeiten:....................
- Zeit für mich:............................
- ■ Morgenritual   ■ Abendritual

**FREITAG:**
- Schlafqualität:..........................
- Powerhandlung:........................
- Deep-Flow-Zeiten:....................
- Zeit für mich:............................
- ■ Morgenritual   ■ Abendritual

## WOCHE 44 DATUM ...........................

**MONTAG:**
- Schlafqualität: ...........................
- Powerhandlung: ...........................
- Deep-Flow-Zeiten: ...........................
- Zeit für mich: ...........................
- Morgenritual    ■ Abendritual

**DIENSTAG:**
- Schlafqualität: ...........................
- Powerhandlung: ...........................
- Deep-Flow-Zeiten: ...........................
- Zeit für mich: ...........................
- Morgenritual    ■ Abendritual

**MITTWOCH:**
- Schlafqualität: ...........................
- Powerhandlung: ...........................
- Deep-Flow-Zeiten: ...........................
- Zeit für mich: ...........................
- Morgenritual    ■ Abendritual

**DONNERSTAG:**
- Schlafqualität: ...........................
- Powerhandlung: ...........................
- Deep-Flow-Zeiten: ...........................
- Zeit für mich: ...........................
- Morgenritual    ■ Abendritual

**MEINE ABSICHT**

**WO IST GERADE DEIN FOKUS? DORTHIN WIRD DIR DEIN LEBEN FOLGEN.**

..................................

..................................

..................................

..................................

..................................

**GEISTESBLITZE**

..................................

..................................

..................................

**SONNTAG:**
- Schlafqualität: ..........................
- Powerhandlung: ..........................
- Deep-Flow-Zeiten: ..........................
- Zeit für mich: ..........................
- Morgenritual     ▪ Abendritual

**SAMSTAG:**
- Schlafqualität: ..........................
- Powerhandlung: ..........................
- Deep-Flow-Zeiten: ..........................
- Zeit für mich: ..........................
- Morgenritual     ▪ Abendritual

**FREITAG:**
- Schlafqualität: ..........................
- Powerhandlung: ..........................
- Deep-Flow-Zeiten: ..........................
- Zeit für mich: ..........................
- Morgenritual     ▪ Abendritual

# Die Antwort in der Frage

VON DAWA TARCHIN PHILLIPS

*Impuls*

Als Kind hatte ich fünf Fragen, auf die niemand in meinem Umfeld eine Antwort hatte. Und irgendwann vernachlässigte ich diese fünf Fragen für eine gewisse Zeit. Vielleicht hast auch du gelernt, deine wichtigen Fragen hintanzustellen oder auszublenden.

Auch Buddha hatte eine Frage: Wie beende ich das Leiden der Wesen? Nachdem die Frage sich klar formuliert hatte, hielt Buddha mit Achtsamkeit und Ausdauer an ihr fest, bis ihm die Antwort kam. Das geschah nach sechs Jahren. Die Frage, die ihn im Alter von 29 Jahren veranlasste, Haus und Familie zurückzulassen, um Antworten aufs Leben zu finden, reifte im Alter von 35 Jahren zur Erleuchtung heran.

Fragen zu stellen, ist eine Kunst. Es ist eine Kunst, sie nicht zu vergessen oder zu vernachlässigen, bis die Antwort kommt.

Im Alter von 33 Jahren fand ich die Antworten auf meine fünf Fragen, die mich seit meiner Kindheit begleiteten und die da lauten: Woher komme ich? Wohin gehe ich? Wer bin ich? Warum bin ich hier? Weshalb ist das von Bedeutung?

Seitdem helfe ich anderen mit ihren Fragen. Die Antworten liegen bereits in den Fragen, es kommt aber darauf an, wie achtsam wir diese Fragen formulieren und kultivieren, um die Antworten darin zu entdecken.

Meine Frage an dich lautet: Was würde es dir ermöglichen, deine beste Arbeit zu machen? Welches Projekt oder Budget, welcher Mensch, Kunde oder Zeitrahmen würden es dir erlauben, dein Wissen, dein Können und deine Liebe zur vollen Anwendung zu bringen, dich selbst zur Meisterschaft deiner Kunst und deines Handwerks zu inspirieren und das Beste aus dir hervorzuholen?

Lass dich von klaren Fragen leiten, so gelangst du ehrlich in deiner Offenheit zu Antworten. Das Leben lügt nicht, es spiegelt Aufrichtigkeit und Entschlossenheit auf immer neue Weise zurück. Nicht jeder erwacht zum Leben.

# MEINE RÜCKSCHAU FÜR DIE LETZTEN 14 TAGE

Ich habe Sprintziel 1 erreicht:　　　　　　Ja　　　　　Nein

Ich habe Sprintziel 2 erreicht:　　　　　　Ja　　　　　Nein

Ich habe Sprintziel 3 erreicht:　　　　　　Ja　　　　　Nein

**DAS LIEF IN DIESEM SPRINT SEHR GUT:**

**DAS WILL ICH IM NÄCHSTEN SPRINT VERBESSERN:**

**MEINE WERTVOLLSTEN ERKENNTNISSE:**

**ICH BIN DANKBAR FÜR:**

# Flow-Kick: Ein gemeinsamer Polarstern

Es gibt Flow nicht nur als Einzelerfahrung. Die mit Abstand intensivste Flow-Erfahrung ist tatsächlich die zwischen Menschen. Sicher hast du es schon einmal erlebt, wenn in einem Gespräch, im Sport oder bei einem Projekt die Zeit stehen bleibt und ihr euch in ein ekstatisches *Wir* verwandelt. Der mit Abstand stärkste Trigger für den Gruppen-Flow ist eine gemeinsame Vision oder Mission, für die ihr alle brennt. Ich finde es traurig, dass sehr viele Menschen so viel Lebenszeit mit anderen Menschen in Familie, Arbeit etc. verbringen und dabei nicht gemeinsam abheben, sondern eher tapfer bis gelangweilt Routinen abarbeiten. Dabei ist die Geschichte der Menschheit voll mit Beispielen kleiner Gruppen, die scheinbar Unmögliches vollbrachten, weil sie eine gemeinsame Vision einte. Wenn du willst, nutze diesen Kick als eine Einladung für einen Check:

**Wer sind die zehn Menschen, mit denen du die meiste Zeit deines Lebens verbringst? Und habt ihr eine gemeinsame Vision?**

Falls sie noch fehlt: Wie wäre es, wenn du das Thema einmal ansprichst? Achte darauf, dass du es als eine freudvolle Einladung formulierst und nicht als eine Pflicht. Falls ihr gemeinsam auf Empfang gehen wollt, denkt wirklich groß. Verkrampft nicht, wenn ihr jeweils Aspekte auf eurer Wunschliste habt, die eurer Vision zu widersprechen scheinen. Lernt eure Träume besser kennen, indem ihr euch gegenseitig erklärt, was genau ihr damit meint und warum euch das wichtig ist. Erweitert das gemeinsame Bild, bis ihr voll begeistert seid, wenn ihr daran denkt.

# Visionsdate: Führung und Co-Creation

Es ist Zeit für ein Date mit dir selbst! Wir werden die anstehenden Herausforderungen der Menschheit nicht lösen, wenn wir nicht alle da, wo uns diese Welt etwas angeht, mit dem, was wir sehen und fühlen, mehr in Führung gehen und gleichzeitig unsere Beziehungen auf ein neues Level von bewusster Co-Creation entwickeln.

Wo wirst du mehr gebraucht? Wo ist es Zeit, sichtbarer zu werden? In welchen Bereichen deines Lebens willst du mehr in Führung gehen? Wenn du dich, deine Gaben und dein Wissen wichtig nehmen würdest: Wo würdest du dich mehr einbringen? Mit welchen Menschen und Teams möchtest du gern lebendiger und wirksamer Realität gestalten?

..................................................................................

..................................................................................

..................................................................................

..................................................................................

..................................................................................

> **MEDITATIONSTIPP FÜR INNEREN FRIEDEN**
>
> *»Emotionale Heilung und Nähe«*
>
> siehe App

# DEIN SPRINT

## FÜHLE DEIN POWERZIEL!

Lege deine Lieblingsmusik auf, die dir Kraft spendet und zum Träumen einlädt. Blättere auf Seite 36 und tauche voll in dein Ziel ein, so als wäre es bereits verwirklicht.

*Was oder wer könnte dich in den kommenden 14 Tagen auf deinem Weg zu diesem Ziel wirksam stärken, inspirieren, unterstützen?*

..................................................................................................................................................

..................................................................................................................................................

### SPRINTZIEL 1

*Das werde ich in diesem kommenden Sprint für mein Powerziel umsetzen:*

..........................................

..........................................

..........................................

### SPRINTZIEL 2

*Das werde ich in diesem kommenden Sprint für meine Gesamtvision umsetzen:*

..........................................

..........................................

..........................................

### SPRINTZIEL 3

*Das werde ich in diesem kommenden Sprint für meine pure Freude umsetzen:*

..........................................

..........................................

..........................................

### SPRINTCHECK

- Ich kann meine Sprintziele in diesem Zeitraum realistisch umsetzen.
- Meine Sprintziele fordern mich ausreichend heraus.
- Meine Sprintziele unterstützen mein Powerziel, meine Gesamtvision und meine Freude.

## WOCHE 45 DATUM ...................................

### MONTAG:
- Schlafqualität: ...........................................
- Powerhandlung: ..........................................
- Deep-Flow-Zeiten: ......................................
- Zeit für mich: .............................................
- ☐ Morgenritual   ☐ Abendritual

### DIENSTAG:
- Schlafqualität: ...........................................
- Powerhandlung: ..........................................
- Deep-Flow-Zeiten: ......................................
- Zeit für mich: .............................................
- ☐ Morgenritual   ☐ Abendritual

### MITTWOCH:
- Schlafqualität: ...........................................
- Powerhandlung: ..........................................
- Deep-Flow-Zeiten: ......................................
- Zeit für mich: .............................................
- ☐ Morgenritual   ☐ Abendritual

### DONNERSTAG:
- Schlafqualität: ...........................................
- Powerhandlung: ..........................................
- Deep-Flow-Zeiten: ......................................
- Zeit für mich: .............................................
- ☐ Morgenritual   ☐ Abendritual

### MEINE ABSICHT
..............................................
..............................................
..............................................
..............................................

DU BIST IMMER NUR EINE GUTE FRAGE VON DEINEM NÄCHSTEN ABENTEUER ENTFERNT. WELCHE FRAGE KÖNNTE DAS HEUTE SEIN?

..........................................

..........................................

..........................................

..........................................

GEISTESBLITZE

..........................................

..........................................

..........................................

**SONNTAG:**
- Schlafqualität:..........................
- Powerhandlung:..........................
- Deep-Flow-Zeiten:..........................
- Zeit für mich:..........................
- Morgenritual    ■ Abendritual

**SAMSTAG:**
- Schlafqualität:..........................
- Powerhandlung:..........................
- Deep-Flow-Zeiten:..........................
- Zeit für mich:..........................
- Morgenritual    ■ Abendritual

**FREITAG:**
- Schlafqualität:..........................
- Powerhandlung:..........................
- Deep-Flow-Zeiten:..........................
- Zeit für mich:..........................
- Morgenritual    ■ Abendritual

## WOCHE 46 DATUM ..................................

**MONTAG:**
- Schlafqualität: ..................................
- Powerhandlung: ..................................
- Deep-Flow-Zeiten: ..................................
- Zeit für mich: ..................................
- Morgenritual     ▪ Abendritual

**DIENSTAG:**
- Schlafqualität: ..................................
- Powerhandlung: ..................................
- Deep-Flow-Zeiten: ..................................
- Zeit für mich: ..................................
- Morgenritual     ▪ Abendritual

**MITTWOCH:**
- Schlafqualität: ..................................
- Powerhandlung: ..................................
- Deep-Flow-Zeiten: ..................................
- Zeit für mich: ..................................
- Morgenritual     ▪ Abendritual

**DONNERSTAG:**
- Schlafqualität: ..................................
- Powerhandlung: ..................................
- Deep-Flow-Zeiten: ..................................
- Zeit für mich: ..................................
- Morgenritual     ▪ Abendritual

**MEINE ABSICHT**

**WISSEN DEINE MITMENSCHEN, WIE SEHR DU SIE LIEBST BEZIEHUNGSWEISE SCHÄTZT?**

..........................................
..........................................
..........................................
..........................................
..........................................

**GEISTESBLITZE**

..........................................
..........................................
..........................................

**SONNTAG:**
- Schlafqualität: ...........................
- Powerhandlung: ..........................
- Deep-Flow-Zeiten: .......................
- Zeit für mich: ............................
- Morgenritual     ■ Abendritual

**SAMSTAG:**
- Schlafqualität: ...........................
- Powerhandlung: ..........................
- Deep-Flow-Zeiten: .......................
- Zeit für mich: ............................
- Morgenritual     ■ Abendritual

**FREITAG:**
- Schlafqualität: ...........................
- Powerhandlung: ..........................
- Deep-Flow-Zeiten: .......................
- Zeit für mich: ............................
- Morgenritual     ■ Abendritual

# Handelst du aus Angst oder aus Liebe?

VON GUNDA FREY

*Impuls*

Eltern lieben ihre Kinder – einfach so. Und wir Eltern geben aus Liebe zu unseren Kindern das vermeintlich letzte Hemd und kämpfen wie Löwen für sie. Welche Mutter oder welcher Vater hat sich nicht schon mal mit Erzieher*innen oder der Lehrkraft angelegt, weil das eigene Kind nicht richtig gesehen wird? Weil wir unsere Kinder lieben, kämpfen wir für sie oder erlauben ihnen Dinge oder setzen vielleicht eine Grenze nicht.

Heute stelle ich dir die Frage: Ist es wirklich Liebe, aus der heraus du handelst?

Im Grunde gibt es zwei Primäremotionen: Angst und Liebe. Wenn du dein Kind ansiehst und mit ihm interagierst und dich einsetzt, was steckt wirklich dahinter? Ist es Liebe oder ist es Angst? Angst, dass dein Kind nicht mitkommt, dass es falsch verstanden wird und es weitreichende Folgen haben wird, es vielleicht keinen Abschluss macht, keinen Beruf findet. Du kennst deine eigene Gedankenspirale ... Wir sagen dann, wir tun das alles aus Liebe. Aber eigentlich wollen wir unsere Sprösslinge vor etwas bewahren.

Schau hin und entscheide dich für die Liebe! Liebe traut zu und mutet auch manchmal zu, in dem Vertrauen, dass dein Kind auch diese Herausforderung meistern wird. Liebe ist voller Kreativität, Zuversicht, Vertrauen und Glauben, dass das Leben immer für uns ist und auch für dein Kind.

Du kannst die folgende Übung bei allen Fragen rund um dein Kind machen:
- Lege deine Hand auf dein Herz und atme bewusst Liebe ein und Angst aus.
- Sage beim Einatmen: »Ich entscheide mich für die Liebe.«
- Sage beim Ausatmen: »Ich lasse alle Angst los!«

## MEINE RÜCKSCHAU FÜR DIE LETZTEN 14 TAGE

Ich habe Sprintziel 1 erreicht:     Ja ☐     Nein ☐

Ich habe Sprintziel 2 erreicht:     Ja ☐     Nein ☐

Ich habe Sprintziel 3 erreicht:     Ja ☐     Nein ☐

**DAS LIEF IN DIESEM SPRINT SEHR GUT:**

..................................................

..................................................

..................................................

**DAS WILL ICH IM NÄCHSTEN SPRINT VERBESSERN:**

..................................................

..................................................

..................................................

**MEINE WERTVOLLSTEN ERKENNTNISSE:**

..................................................

..................................................

..................................................

**ICH BIN DANKBAR FÜR:**

..................................................

..................................................

..................................................

# DEIN SPRINT

## FÜHLE DEIN POWERZIEL!

Lege deine Lieblingsmusik auf, die dir Kraft spendet und zum Träumen einlädt. Blättere auf Seite 36 und tauche voll in dein Ziel ein, so als wäre es bereits verwirklicht.

*Was oder wer könnte dich in den kommenden 14 Tagen auf deinem Weg zu diesem Ziel wirksam stärken, inspirieren, unterstützen?*

...................................................................................................................................................................

...................................................................................................................................................................

### SPRINTZIEL 1

*Das werde ich in diesem kommenden Sprint für mein Powerziel umsetzen:*

..............................................

..............................................

..............................................

### SPRINTZIEL 2

*Das werde ich in diesem kommenden Sprint für meine Gesamtvision umsetzen:*

..............................................

..............................................

..............................................

### SPRINTZIEL 3

*Das werde ich in diesem kommenden Sprint für meine pure Freude umsetzen:*

..............................................

..............................................

..............................................

### SPRINTCHECK

- Ich kann meine Sprintziele in diesem Zeitraum realistisch umsetzen.
- Meine Sprintziele fordern mich ausreichend heraus.
- Meine Sprintziele unterstützen mein Powerziel, meine Gesamtvision und meine Freude.

WOCHE | 47 | DATUM ..................................

**MONTAG:**
- Schlafqualität: ....................................
- Powerhandlung: ....................................
- Deep-Flow-Zeiten: ....................................
- Zeit für mich: ....................................
- ▪ Morgenritual   ▪ Abendritual

**DIENSTAG:**
- Schlafqualität: ....................................
- Powerhandlung: ....................................
- Deep-Flow-Zeiten: ....................................
- Zeit für mich: ....................................
- ▪ Morgenritual   ▪ Abendritual

**MITTWOCH:**
- Schlafqualität: ....................................
- Powerhandlung: ....................................
- Deep-Flow-Zeiten: ....................................
- Zeit für mich: ....................................
- ▪ Morgenritual   ▪ Abendritual

**DONNERSTAG:**
- Schlafqualität: ....................................
- Powerhandlung: ....................................
- Deep-Flow-Zeiten: ....................................
- Zeit für mich: ....................................
- ▪ Morgenritual   ▪ Abendritual

**MEINE ABSICHT**

................................................................
................................................................
................................................................
................................................................

**WELCHES PROBLEM NERVT DICH? WIE KÖNNTEST DU EIN TEIL DER LÖSUNG SEIN?**

..................................

..................................

..................................

..................................

..................................

**GEISTESBLITZE**

..................................

..................................

..................................

**SONNTAG:**
- Schlafqualität: ..................
- Powerhandlung: ..................
- Deep-Flow-Zeiten: ..................
- Zeit für mich: ..................
- Morgenritual    ▪ Abendritual

**SAMSTAG:**
- Schlafqualität: ..................
- Powerhandlung: ..................
- Deep-Flow-Zeiten: ..................
- Zeit für mich: ..................
- Morgenritual    ▪ Abendritual

**FREITAG:**
- Schlafqualität: ..................
- Powerhandlung: ..................
- Deep-Flow-Zeiten: ..................
- Zeit für mich: ..................
- Morgenritual    ▪ Abendritual

## WOCHE 48 DATUM ....................................

### MONTAG:
- Schlafqualität: ............................................
- Powerhandlung: ............................................
- Deep-Flow-Zeiten: .........................................
- Zeit für mich: .............................................
- ▪ Morgenritual   ▪ Abendritual

### MEINE ABSICHT

............................................................
............................................................
............................................................
............................................................
............................................................

### DIENSTAG:
- Schlafqualität: ............................................
- Powerhandlung: ............................................
- Deep-Flow-Zeiten: .........................................
- Zeit für mich: .............................................
- ▪ Morgenritual   ▪ Abendritual

### MITTWOCH:
- Schlafqualität: ............................................
- Powerhandlung: ............................................
- Deep-Flow-Zeiten: .........................................
- Zeit für mich: .............................................
- ▪ Morgenritual   ▪ Abendritual

### DONNERSTAG:
- Schlafqualität: ............................................
- Powerhandlung: ............................................
- Deep-Flow-Zeiten: .........................................
- Zeit für mich: .............................................
- ▪ Morgenritual   ▪ Abendritual

### WAS IST DIR SO WICHTIG, DASS DU DAFÜR BEREIT BIST, DEIN RECHTHABEN LOSZULASSEN UND DIE EXTRAMEILE ZU GEHEN?

..................................
..................................
..................................
..................................

### GEISTESBLITZE

..................................
..................................
..................................

**SONNTAG:**
- Schlafqualität: ..................
- Powerhandlung: ..................
- Deep-Flow-Zeiten: ..................
- Zeit für mich: ..................
- ☐ Morgenritual   ☐ Abendritual

**SAMSTAG:**
- Schlafqualität: ..................
- Powerhandlung: ..................
- Deep-Flow-Zeiten: ..................
- Zeit für mich: ..................
- ☐ Morgenritual   ☐ Abendritual

**FREITAG:**
- Schlafqualität: ..................
- Powerhandlung: ..................
- Deep-Flow-Zeiten: ..................
- Zeit für mich: ..................
- ☐ Morgenritual   ☐ Abendritual

# Die Basis von New Work – die 4-Sync-Methode

VON DR. JOANA BREIDENBACH

*Impuls*

New Work bedeutet, dass Entscheidungen in Unternehmen jeweils dort gefällt werden, wo die meisten Kompetenzen sind. Somit wandert Führung von der Spitze viel breiter ins Team. Statt von anderen geführt zu werden, führen immer mehr Menschen sich selbst. Die Basis jeder Selbstführung ist Selbstkontakt. Oft wissen wir aber gar nicht so richtig, wer wir sind, was wir wollen und was wir können.

Hier hilft die 4-Sync-Methode, die ich von dem Mystiker Thomas Hübl kenne. Die 4-Sync-Methode verbindet dich präziser mit dir selbst und eröffnet dir wertvolle Informationen. Probier es aus:

Setze dich an einen ruhigen Ort. Schließe die Augen und sinke mit dem Atem tiefer in dich hinein.

1. Sync: Richte deine Aufmerksamkeit auf die körperliche Ebene. Wo fließt Energie, wo bist du verspannt, wo fühlst du wenig? Nimm alles wahr, wie es ist. Verändere nichts.
2. Sync: Wandere zur emotionalen Ebene. Kannst du konkrete Gefühle kontaktieren? Vielleicht Wut, Scham, Freude, Angst oder Trauer? Oder fühlt es sich eher taub an?
3. Sync: Gehe zur mentalen Ebene. Wie ist die Qualität deiner Gedanken? Ruhig und fließend oder wirr und abgehackt?
4. Sync: Fokussiere eine Stelle etwas über deiner Kopfkrone. Lausche. Beobachte, ob es hier für dich Inspirationen oder Informationen gibt.
5. Zum Schluss nimm alle vier Ebenen zusammen wahr. Dominiert eine Ebene oder schwingen sie gleich?

Die 4-Sync-Methode eignet sich für Check-ins zu Beginn von Meetings und Feedbackgesprächen, aber auch als Übung zwischendurch. Sie holt dich aus dem Kopf heraus und liefert dir wertvolle Informationen, mit denen du dich authentisch ins Team einbringen kannst.

Enjoy!

## MEINE RÜCKSCHAU FÜR DIE LETZTEN 14 TAGE

Ich habe Sprintziel 1 erreicht:     Ja ☐     Nein ☐

Ich habe Sprintziel 2 erreicht:     Ja ☐     Nein ☐

Ich habe Sprintziel 3 erreicht:     Ja ☐     Nein ☐

**DAS LIEF IN DIESEM SPRINT SEHR GUT:**

**DAS WILL ICH IM NÄCHSTEN SPRINT VERBESSERN:**

**MEINE WERTVOLLSTEN ERKENNTNISSE:**

**ICH BIN DANKBAR FÜR:**

# Flow-Kick: Vertrauen, Wertschätzung und geteiltes Risiko

Eine gemeinsame Vision reicht für Gruppen-Flow-Erfahrungen nicht aus. Damit ihr euch miteinander hoch emporschwingen könnt, braucht ihr eine stabile Landebahn. Diese setzt sich aus drei Elementen zusammen. Nutze diesen Flow-Kick, um deine zentralen Beziehungen zu analysieren:

1. **Vertrauen.** Vertraut ihr euch, weil ihr ehrlich miteinander kommuniziert und eure Beziehung auf klaren Regeln und Vereinbarungen basiert, die alle Beteiligten respektieren und einhalten?
2. **Wertschätzung.** Der Sinn einer lebendigen Beziehung liegt darin, eure Unterschiedlichkeit zu feiern, sodass ihr eure einzigartigen Talente in einem starken *Wir* kombinieren könnt. Menschen bringen sich voll ein, wenn sie Wertschätzung dafür erfahren, wer sie sind. Du wirst erstaunt sein, wie ihr aufblüht, wenn ihr euch angewöhnt, euch regelmäßig und präzise anzuerkennen: für eure Qualitäten, für eure Handlungen und besonders auch für verschiedene Meinungen. Auch wenn euch diese manchmal herausfordern – gerade die Heterogenität macht euch stark.
3. **Geteiltes Risiko.** Studien zum Gruppen-Flow zeigen, dass Teams wesentlich kreativer und wirksamer zusammenarbeiten, wenn alle am möglichen Gewinn, aber auch am Risiko beteiligt sind. Wenn das Projekt schiefgeht und nur eine Person die Last der Verantwortung dafür trägt, können eure Kräfte nicht in einem co-creativen Korpus verschmelzen und das maximal mögliche Potenzial entfalten.

# Visionsdate:
# Die Welt und du

Es ist Zeit für ein Date mit dir selbst! Wie persönlich nimmst du die Welt, in der du lebst? Du existierst nicht losgelöst von ihr. Ob du willst oder nicht, du wirst permanent von ihren unendlich vielen Wechselwirkungen beeinflusst. Und auch wenn du dich für klein und unbedeutend halten solltest, wirkst du auf die gesamte Welt ein. Du kannst deine Beziehung zur Gesellschaft, zur Erde, ja zum Kosmos proaktiv mitgestalten. Für unser nachhaltiges Glück ist es essenziell, dass wir eine friedvolle Verbindung zu allem spüren und einen positiven Impact leisten. Manche Menschen kapseln sich ab. Andere sitzen ihr Leben lang auf den Zuschauerrängen und schauen dem Treiben der Welt passiv zu. Du bist mächtiger, als du denkst. Wir alle brauchen dich in deiner freiesten Version. Mach die Welt zu deiner Welt. Komm in die Arena und spiel dein Spiel.

*Wie persönlich nimmst du die Welt, in der du lebst?*

..................................................................................................................................

..................................................................................................................................

..................................................................................................................................

..................................................................................................................................

**MEDITATIONSTIPP FÜR HARMONIE**

*»Finde Ruhe im Sturm«*

siehe App

# DEIN SPRINT

## FÜHLE DEIN POWERZIEL!

Lege deine Lieblingsmusik auf, die dir Kraft spendet und zum Träumen einlädt. Blättere auf Seite 36 und tauche voll in dein Ziel ein, so als wäre es bereits verwirklicht.

*Was oder wer könnte dich in den kommenden 14 Tagen auf deinem Weg zu diesem Ziel wirksam stärken, inspirieren, unterstützen?*

.................................................................................................................................................

.................................................................................................................................................

### SPRINTZIEL 1

*Das werde ich in diesem kommenden Sprint für mein Powerziel umsetzen:*

### SPRINTZIEL 2

*Das werde ich in diesem kommenden Sprint für meine Gesamtvision umsetzen:*

### SPRINTZIEL 3

*Das werde ich in diesem kommenden Sprint für meine pure Freude umsetzen:*

---

### SPRINTCHECK

- Ich kann meine Sprintziele in diesem Zeitraum realistisch umsetzen.
- Meine Sprintziele fordern mich ausreichend heraus.
- Meine Sprintziele unterstützen mein Powerziel, meine Gesamtvision und meine Freude.

**WOCHE** | 49 | **DATUM** ...............................

### MONTAG:
- Schlafqualität: ...........................
- Powerhandlung: ..........................
- Deep-Flow-Zeiten: ......................
- Zeit für mich: ............................
- Morgenritual    ▪ Abendritual

### MEINE ABSICHT

..................................................
..................................................
..................................................
..................................................

### DIENSTAG:
- Schlafqualität: ...........................
- Powerhandlung: ..........................
- Deep-Flow-Zeiten: ......................
- Zeit für mich: ............................
- Morgenritual    ▪ Abendritual

### MITTWOCH:
- Schlafqualität: ...........................
- Powerhandlung: ..........................
- Deep-Flow-Zeiten: ......................
- Zeit für mich: ............................
- Morgenritual    ▪ Abendritual

### DONNERSTAG:
- Schlafqualität: ...........................
- Powerhandlung: ..........................
- Deep-Flow-Zeiten: ......................
- Zeit für mich: ............................
- Morgenritual    ▪ Abendritual

**LIEBST DU DICH SELBST SO SEHR, DASS DU DICH MIT DIR ALLEIN VOLLSTÄNDIG FÜHLST?**

..................................................

..................................................

..................................................

..................................................

..................................................

**GEISTESBLITZE**

..................................................

..................................................

..................................................

**SONNTAG:**
- Schlafqualität:................................
- Powerhandlung:...............................
- Deep-Flow-Zeiten:............................
- Zeit für mich:.................................
- Morgenritual    ■ Abendritual

**SAMSTAG:**
- Schlafqualität:................................
- Powerhandlung:...............................
- Deep-Flow-Zeiten:............................
- Zeit für mich:.................................
- Morgenritual    ■ Abendritual

**FREITAG:**
- Schlafqualität:................................
- Powerhandlung:...............................
- Deep-Flow-Zeiten:............................
- Zeit für mich:.................................
- Morgenritual    ■ Abendritual

**WOCHE** | 50 | **DATUM** ................................................

**MONTAG:**
- Schlafqualität: ............................................
- Powerhandlung: ............................................
- Deep-Flow-Zeiten: ............................................
- Zeit für mich: ............................................
- Morgenritual  ■ Abendritual

**MEINE ABSICHT**

............................................................
............................................................
............................................................
............................................................

**DIENSTAG:**
- Schlafqualität: ............................................
- Powerhandlung: ............................................
- Deep-Flow-Zeiten: ............................................
- Zeit für mich: ............................................
- Morgenritual  ■ Abendritual

**MITTWOCH:**
- Schlafqualität: ............................................
- Powerhandlung: ............................................
- Deep-Flow-Zeiten: ............................................
- Zeit für mich: ............................................
- Morgenritual  ■ Abendritual

**DONNERSTAG:**
- Schlafqualität: ............................................
- Powerhandlung: ............................................
- Deep-Flow-Zeiten: ............................................
- Zeit für mich: ............................................
- Morgenritual  ■ Abendritual

**RESPEKTIERST DU DICH SO SEHR, DASS DU ZU KONSEQUENZEN BEREIT BIST, WENN DEINE ROTEN LINIEN ÜBERSCHRITTEN WERDEN?**

...................................

...................................

...................................

...................................

**GEISTESBLITZE**

...................................

...................................

...................................

**SONNTAG:**
- Schlafqualität: ..........................
- Powerhandlung: ..........................
- Deep-Flow-Zeiten: ..........................
- Zeit für mich: ..........................
- Morgenritual   ▪ Abendritual

**SAMSTAG:**
- Schlafqualität: ..........................
- Powerhandlung: ..........................
- Deep-Flow-Zeiten: ..........................
- Zeit für mich: ..........................
- Morgenritual   ▪ Abendritual

**FREITAG:**
- Schlafqualität: ..........................
- Powerhandlung: ..........................
- Deep-Flow-Zeiten: ..........................
- Zeit für mich: ..........................
- Morgenritual   ▪ Abendritual

# Wie du Stereotype verlassen und neue Bilder schaffen kannst

VON ALI CAN

*Impuls*

Dreimal darfst du raten, welchem Geschlecht die meisten Menschen einen Beruf wie »Monteur*in« auf Anhieb zuordnen würden, insbesondere wenn er nicht gegendert wird. Richtig: dem männlichen Geschlecht. Der Grund: Wenn wir ein Wort lesen, erscheint ein Bild vor unserem inneren Auge. Bei der Visualisierung von Menschen greifen wir dabei auf Verallgemeinerungen zurück, die in unserem Alltagswissen schlummern. Wir lassen Details, vertiefendes Wissen und differenzierte Perspektiven aus, denn das würde Arbeit und Stress bedeuten. So werden aus den verallgemeinernden Bildern über die Zeit Stereotype – und wir landen im typischen Schubladendenken.

Doch es gibt Auswege, um eine Reduktion von Persönlichkeiten auf Klischees umzukehren. Bilder stehen nie für sich. Wir haben es genau genommen mit Geschichten zu tun. Wenn wir nun anfangen würden, unsere Geschichten weiterzuentwickeln und den Erzählungen, die bisher wenig bekannt sind, Raum zu geben, so erweiterten wir unseren Horizont. Die Bilder im Kopf sind nun mal nur so divers wie die Geschichten, die wir kennen.

Wörter selbst erschaffen Bilder, die Geschichten über unsere Welt erzählen: Diese Geschichten handeln von Rollen und Zuschreibungen, aber eben auch von Macht und Regeln. Erzählte Geschichten reproduzieren Verhältnisse. Umso wichtiger sind eine bewusst gewählte Sprache und die kritische Reflexion von Bezeichnungen für andere.

Ich schlage vor, wir alle sollten uns einmal die Woche nach dem Saugen der Wohnung zumindest zehn Minuten lang um die Schubladen in unserem Kopf kümmern. Daher meine Frage zum Schluss an dich: Wie kannst du deine Schubladen aufräumen und neue Bilder im Kopf erschaffen?

## MEINE RÜCKSCHAU FÜR DIE LETZTEN 14 TAGE

Ich habe Sprintziel 1 erreicht:　　　　　　　　　Ja ☐　　　　Nein ☐

Ich habe Sprintziel 2 erreicht:　　　　　　　　　Ja ☐　　　　Nein ☐

Ich habe Sprintziel 3 erreicht:　　　　　　　　　Ja ☐　　　　Nein ☐

**DAS LIEF IN DIESEM SPRINT SEHR GUT:**

**DAS WILL ICH IM NÄCHSTEN SPRINT VERBESSERN:**

**MEINE WERTVOLLSTEN ERKENNTNISSE:**

**ICH BIN DANKBAR FÜR:**

# DEIN SPRINT

## FÜHLE DEIN POWERZIEL!

Lege deine Lieblingsmusik auf, die dir Kraft spendet und zum Träumen einlädt. Blättere auf Seite 36 und tauche voll in dein Ziel ein, so als wäre es bereits verwirklicht.

*Was oder wer könnte dich in den kommenden 14 Tagen auf deinem Weg zu diesem Ziel wirksam stärken, inspirieren, unterstützen?*

..................................................................................................................................................................

..................................................................................................................................................................

### SPRINTZIEL 1

*Das werde ich in diesem kommenden Sprint für mein Powerziel umsetzen:*

### SPRINTZIEL 2

*Das werde ich in diesem kommenden Sprint für meine Gesamtvision umsetzen:*

### SPRINTZIEL 3

*Das werde ich in diesem kommenden Sprint für meine pure Freude umsetzen:*

### SPRINTCHECK

- ◼ Ich kann meine Sprintziele in diesem Zeitraum realistisch umsetzen.
- ◼ Meine Sprintziele fordern mich ausreichend heraus.
- ◼ Meine Sprintziele unterstützen mein Powerziel, meine Gesamtvision und meine Freude.

# NOTIZEN

**WOCHE** | 51 | **DATUM** ..................................................

### MONTAG:
- Schlafqualität: ............................................
- Powerhandlung: ............................................
- Deep-Flow-Zeiten: ............................................
- Zeit für mich: ............................................
- Morgenritual ▪ Abendritual

### MEINE ABSICHT

............................................................

............................................................

............................................................

............................................................

### DIENSTAG:
- Schlafqualität: ............................................
- Powerhandlung: ............................................
- Deep-Flow-Zeiten: ............................................
- Zeit für mich: ............................................
- Morgenritual ▪ Abendritual

### MITTWOCH:
- Schlafqualität: ............................................
- Powerhandlung: ............................................
- Deep-Flow-Zeiten: ............................................
- Zeit für mich: ............................................
- Morgenritual ▪ Abendritual

### DONNERSTAG:
- Schlafqualität: ............................................
- Powerhandlung: ............................................
- Deep-Flow-Zeiten: ............................................
- Zeit für mich: ............................................
- Morgenritual ▪ Abendritual

**WANN HAST DU DAS LETZTE MAL DAS KIND IN DIR GEFÜHLT UND RAUSGELASSEN?**

..................

..................

..................

..................

..................

**GEISTESBLITZE**

..................

..................

..................

**SONNTAG:**
- Schlafqualität: ..................
- Powerhandlung: ..................
- Deep-Flow-Zeiten: ..................
- Zeit für mich: ..................
- ▪ Morgenritual   ▪ Abendritual

**SAMSTAG:**
- Schlafqualität: ..................
- Powerhandlung: ..................
- Deep-Flow-Zeiten: ..................
- Zeit für mich: ..................
- ▪ Morgenritual   ▪ Abendritual

**FREITAG:**
- Schlafqualität: ..................
- Powerhandlung: ..................
- Deep-Flow-Zeiten: ..................
- Zeit für mich: ..................
- ▪ Morgenritual   ▪ Abendritual

## WOCHE 52 DATUM ..........................

**MONTAG:**
- Schlafqualität: ..........................
- Powerhandlung: ..........................
- Deep-Flow-Zeiten: ..........................
- Zeit für mich: ..........................
- ■ Morgenritual  ■ Abendritual

**MEINE ABSICHT**

..........................

..........................

..........................

..........................

**DIENSTAG:**
- Schlafqualität: ..........................
- Powerhandlung: ..........................
- Deep-Flow-Zeiten: ..........................
- Zeit für mich: ..........................
- ■ Morgenritual  ■ Abendritual

**MITTWOCH:**
- Schlafqualität: ..........................
- Powerhandlung: ..........................
- Deep-Flow-Zeiten: ..........................
- Zeit für mich: ..........................
- ■ Morgenritual  ■ Abendritual

**DONNERSTAG:**
- Schlafqualität: ..........................
- Powerhandlung: ..........................
- Deep-Flow-Zeiten: ..........................
- Zeit für mich: ..........................
- ■ Morgenritual  ■ Abendritual

**WO IN DEINEM LEBEN HAST DU DIR GEGENÜBER EIN WICHTIGES VERSPRECHEN GEBROCHEN, WESHALB ES ZEIT IST, DICH WIEDER DARAN ZU ERINNERN?**

........................................................

........................................................

........................................................

........................................................

........................................................

**GEISTESBLITZE**

........................................................

........................................................

........................................................

**SONNTAG:**
- Schlafqualität: ..................................
- Powerhandlung: ..................................
- Deep-Flow-Zeiten: ..................................
- Zeit für mich: ..................................
- Morgenritual    ■ Abendritual

**SAMSTAG:**
- Schlafqualität: ..................................
- Powerhandlung: ..................................
- Deep-Flow-Zeiten: ..................................
- Zeit für mich: ..................................
- Morgenritual    ■ Abendritual

**FREITAG:**
- Schlafqualität: ..................................
- Powerhandlung: ..................................
- Deep-Flow-Zeiten: ..................................
- Zeit für mich: ..................................
- Morgenritual    ■ Abendritual

# Wo Liebe ist, kann kein Krieg sein

VON SABINE LICHTENFELS

*Impuls*

Es gibt zwei Steuersysteme, die unser Leben bestimmen. Halte täglich inne und frage dich. Was steuert mich gerade?

Das eine System ist das System, das wir erschaffen haben. Es ist ein von Trauma gesteuertes System der patriarchalen Epoche. Es ist geprägt von kollektiven und persönlichen Verletzungen. Unser Denken und Fühlen ist gesteuert von Angst und Vergleich, von dem Versuch, Kontrolle und Macht über andere zu gewinnen. Hier gilt bewusst oder unbewusst: Krieg ist der Vater aller Dinge. Wir denken und fühlen in Mustern von Angriff und Verteidigung, wir halten etwas für uns selbst, was wir nicht sind. Es ist das Ego, eine aus Konditionierungen gesteuerte Identifizierung, die die wahren lebendigen Impulse des Lebens unterdrückt.

Das zweite System ist verbunden mit den Steuerimpulsen des Universums und des Lebens. Es basiert auf Wahrheit, Kontakt und Kooperation. Es kennt keine Feindschaft, keinen Krieg und gründet sich auf Vertrauen in die Kräfte der Liebe und des Lebens selbst. Es führt zur Entdeckung unseres wahren Selbst. Hier wissen wir, dass wir alle verbunden sind mit der Erde und allen ihren Wesen. Es gibt nur eine Erde, eine Menschheit, ein Universum. Dieses zweite System führt immer zu Mitgefühl und Anteilnahme. Es ist dasselbe ICH, das das Universum steuert, das auch mich steuert, es ist das Welten-Ich, das durch mich liebt, wenn ich liebe.

Frage dich: Was will das Leben durch mich verwirklichen? Wie bleibe ich der Liebe treu?

Was die innere Stimme dir antwortet – das tue.

## MEINE RÜCKSCHAU FÜR DIE LETZTEN 14 TAGE

Ich habe Sprintziel 1 erreicht:       Ja ☐       Nein ☐

Ich habe Sprintziel 2 erreicht:       Ja ☐       Nein ☐

Ich habe Sprintziel 3 erreicht:       Ja ☐       Nein ☐

**DAS LIEF IN DIESEM SPRINT SEHR GUT:**

**DAS WILL ICH IM NÄCHSTEN SPRINT VERBESSERN:**

**MEINE WERTVOLLSTEN ERKENNTNISSE:**

**ICH BIN DANKBAR FÜR:**

# Vollendung

Du bist am Ende eines großen Kreislaufs angekommen. Ein kostbares Jahr deines Lebens ist vorbei. Vieles ist hoffentlich gut gelaufen. Doch wahrscheinlich wurdest du auch überrascht, getestet, bist manchmal in die Knie gegangen.

Oft erkennen wir erst im Rückblick den Sinn und den Wert einer Erfahrung. Nutze diese Seiten, um die Ernte deiner Erfahrungen heimzuholen, die Vergangenheit loszulassen und voll in der Gegenwart anzukommen.

Noch zwei Tipps:
1. Hat dir dieses Buch gutgetan? Dann hol dir die aktuelle Ausgabe (www.shop.homodea.com).
2. Mach noch einmal den Lebensblume-Test und vergleiche ihn mit dem, den du ganz zu Beginn ausgefüllt hast. Drucke sie ebenfalls aus und klebe sie hierhin:

# Deine Jahresvollendung

*Rückblickend war das Motto dieses Jahres:*

..................................................................................................

..................................................................................................

..................................................................................................

*Wenn ich an dieses Jahr zurückdenke, fühle ich ...*

..................................................................................................

..................................................................................................

..................................................................................................

..................................................................................................

..................................................................................................

..................................................................................................

..................................................................................................

*Ich bin diesem Jahr dankbar für ...*

..................................................................................................................................

..................................................................................................................................

..................................................................................................................................

..................................................................................................................................

..................................................................................................................................

..................................................................................................................................

..................................................................................................................................

*Wenn ich an dieses Jahr zurückdenke, bereue ich ...*

..................................................................................................................................

..................................................................................................................................

..................................................................................................................................

..................................................................................................................................

..................................................................................................................................

..................................................................................................................................

..................................................................................................................................

*Folgendes möchte ich mir vergeben:*

..................................................................................................................

..................................................................................................................

..................................................................................................................

..................................................................................................................

..................................................................................................................

*Folgendes möchte ich anderen Menschen vergeben:*

..................................................................................................................

..................................................................................................................

..................................................................................................................

..................................................................................................................

..................................................................................................................

*Meine wichtigsten kleinen und großen Erfolge in diesem Jahr:*

..................................................................................................................

..................................................................................................................

..................................................................................................................

..................................................................................................................

..................................................................................................................

*Meine bedeutsamsten Erkenntnisse:*

..................................................................................................................

..................................................................................................................

..................................................................................................................

..................................................................................................................

..................................................................................................................

..................................................................................................................

..................................................................................................................

*Darauf bin ich wirklich stolz, wenn ich an dieses Jahr zurückdenke:*

..................................................................................................................

..................................................................................................................

..................................................................................................................

..................................................................................................................

..................................................................................................................

..................................................................................................................

..................................................................................................................

*Die menschlichen Engel, die mich in diesem besonderen Jahr begleitet und unterstützt haben, waren:*

..................................................................................................

..................................................................................................

..................................................................................................

..................................................................................................

*Wissen sie das? Folgenden Menschen möchte ich von Herzen danken:*

..................................................................................................

..................................................................................................

..................................................................................................

..................................................................................................

*Folgendes möchte ich mir jetzt selbst liebevoll sagen, damit ich alles Alte in Frieden loslassen und voll im Reichtum meiner Gegenwart ankommen kann:*

..................................................................................................

..................................................................................................

..................................................................................................

..................................................................................................

..................................................................................................

# Anhang

### Dein Onlinebereich
Du findest die im Buch erwähnten Zusatzmaterialien, Quellenhinweise und viele weitere Empfehlungen wie Bücher und Kurse unter https://hi.homodea.com/mein-zukunftswerk/ oder über den folgenden QR-Code. Das Passwort lautet: **happy2023**.

### Eine App mit über 60 geführten Meditationen als Geschenk …
… findest du sowohl im Apple Store als auch im Google Play Store unter »homodea Meditationen«.

### homodea: Die Plattform für Potenzialentfaltung
Wir laden dich von Herzen auf unsere Plattform www.homodea.com ein. Hier findest du viele wache, werteorientierte Menschen und über 100 Onlinekurse für deine Selbstverwirklichung und deinen beruflichen Erfolg.

### Die ichliebedich-Stiftung
Wir danken dir im Namen der ichliebedich-Stiftung für den Kauf dieses Buches. Alle Gewinne fließen in die Förderung verschiedener Kinder- und Jugendprojekte in der gesamten Welt. Mehr Informationen findest du auf: www.ichliebedich-stiftung.com.

# Veit Lindau

Veit Lindau gilt im deutschsprachigen Raum als der Experte für die integrale Selbstverwirklichung des Menschen und erreicht mit seinen wachrüttelnden Vorträgen, Seminaren und Videos ein großes, sehr gemischtes Publikum. Gemeinsam mit seiner Frau hat er eine große Life Coaching Community aufgebaut (homodea.com), mit derzeit über 100 000 Mitgliedern. Er hat mittlerweile 28 Bücher geschrieben, acht davon *SPIEGEL*-Bestseller. Für sein Buchwerk wurde er mit dem Coaching Award ausgezeichnet. Außerdem bildet er Life Trust Coaches und Integrale Business Coaches aus. Du findest Veit auf www.veitlindau.com, www.homodea.com, auf Instagram und Facebook.

© Paul Königer

# Die Expert*innen für dein Zukunftswerk[4]

**Lars Amend** ist Platz-1-*SPIEGEL*-Bestsellerautor, Coach und Träumer, dessen Leben schon fürs Kino verfilmt wurde. Sein erfolgreicher Podcast »Auf einen Espresso mit Lars Amend« erreicht jede Woche Millionen Menschen. Du findest ihn auf Instagram und hier: www.lars-amend.de .

**Wanda Badwal** ist eine international bekannte Yoga- und Meditationslehrerin, Speakerin und zweifache *SPIEGEL*-Bestsellerautorin. Nach Jahren der Medienpräsenz wendet sich die ehemalige *Germany's-Next-Topmodel*-Kandidatin nach innen. Wanda ist Schülerin von Yogameister Yogarupa Rod Stryker und gibt die Lehren mit ganzheitlichem Ansatz weiter – ganz im Sinne ihres Mottos und des Titels ihres erfolgreichen Podcasts »Yoga beyond the Asana«. Unter www.wandabadwal.com kannst du mit dem Code ZUKUNFTSWERK an einer kostenlosen Yoga- oder Meditationsstunde (live) in Wandas Onlinestudio teilnehmen (einmal pro Kund*in einlösbar).

**Dr. Joana Breidenbach** ist Speakerin, Autorin und Unternehmerin. Ihre persönliche Website www.joanabreidenbach.de bietet einen Überblick aller ihrer Aktivitäten. Auf https://innerwork.online findest du ihre Arbeiten zu New Work und Inner Work.

**Ali Can** ist ein mehrfach ausgezeichneter Sozialaktivist, er erhielt unter anderem den Bundesverdienstorden. Er leitet das VielRespektZentrum – Deutschlands erstes Zentrum für Vielfalt und Respekt. Du findest ihn hier: www.ali-can.de und hier: www.vielrespektzentrum.de.

---

4  Der Übersichtlichkeit halber sind die Expert*innen hier in alphabetischer Reihenfolge aufgeführt.

**Vivian Dittmar** engagiert sich als Autorin und Impulsgeberin für kulturellen Wandel bereits seit zwanzig Jahren für eine ganzheitliche Entwicklung von Mensch, Gesellschaft, Wirtschaft und Bewusstsein. Mehr Informationen unter www.viviandittmar.net und www.lebensweise.net.

**Gunda Frey** ist Visionärin, Traumatherapeutin, Autorin und Unternehmerin. Die Erkenntnis »Kinder entwickeln Störungen, weil wir sie in der Entwicklung stören« ist ihre Motivation, die pädagogische Fachwelt auf den Kopf zu stellen. Mit ihrem Weiterbildungsinstitut tritt sie an, um pädagogisches und therapeutisches Expertenwissen jedem zugänglich zu machen. Mehr Infos findest du unter: www.freymut-academy.com.

**Nina Grimm** ist durch ihre Ausbildung zur staatlich anerkannten Psychotherapeutin mit viel Wissen Mutter geworden, um feststellen zu müssen, dass ihr all das in der Praxis des Familienalltags herzlich wenig brachte. In ihrer Arbeit beschreibt sie, wie sie ihre Lücke zwischen Theorie und Praxis schließen konnte und wie auch du das schaffen kannst. Nina ist zweifache Mutter, Familientherapeutin und *SPIEGEL*-Bestsellerautorin. Mehr Infos unter: www.ninagrimm.de.

**Tristan Horx** steht seit seinem 24. Lebensjahr als Speaker aus der Generation Y auf internationalen Bühnen. Sein Thema ist die Zukunft. Weitere Infos findest du unter: www.tristan-horx.com. Sein neuestes Buch *Sinnmaximierung: Wie wir in Zukunft arbeiten* beschäftigt sich mit zukunftsfähigen Erwerbskonzepten.

**Dr. Gerald Hüther** zählt zu den bekanntesten Hirnforschern Deutschlands. Er ist Neurobiologe, Vorstand der Akademie für Potentialentfaltung, schreibt Sachbücher, hält Vorträge, arbeitet als Berater für Politik und Wirtschaft und ist häufiger Gesprächsgast in Rundfunk und Fernsehen. So ist er Wissensvermittler und -umsetzer in einer Person. Mehr Infos findest du unter: www.gerald-huether.de.

**Dr. Kira Kubenz** ist privat praktizierende Ärztin in Hamburg und spezialisiert auf Präventionsmedizin. Wer mehr über Genetik und Epigenetik erfahren möchte, findet viele Informationen auf www.ihregene.de.

Auf **Michael Kurths** Website www.curse.de findest du das kostenfreie Programm »Die Fragen deines Lebens«. In seinem Buch *199 Fragen an dich selbst* findest du zudem viele weitere Impulse und Fragen zu Themen wie Liebe und Beziehung, Karriere, Geld und Selbstfindung.

**Sabine Lichtenfels** ist Friedensbotschafterin, Autorin und Mitbegründerin des Friedensforschungszentrums Tamera in Portugal. Sie ist seit Jahrzehnten eine Quelle und eine international beachtete Stimme für weibliches Friedenswissen. Mehr über ihre Arbeit, ihre Bücher und Onlinekurse zu den Themen »Heilung in der Liebe« und »Spirituelle Lebenspraxis« findest du unter www.sabine-lichtenfels.com und www.tamera.org.

**Andrea Lindau** ist mit Veit Lindau verheiratet, Mutter einer Tochter, Hebamme, *SPIEGEL*-Bestsellerautorin, CEO der Life Trust Holding, Stiftungsrat der ichliebedich-Stiftung und Gründerin von homodea. Andrea wird gern als die Seele des Unternehmens bezeichnet. Ihre Liebe zur Liebe inspiriert zutiefst und erinnert uns auch an den wildesten Arbeitstagen daran, was wirklich wesentlich ist. Für viele Frauen ist sie ein starkes Vorbild weiblicher Führungsqualitäten.

**Kristina Marlen** ist Sexeducator, Sexworker, Autorin und Coachin in Berlin. Sie begleitet Menschen in eine erfüllte, verkörperte und explorative Sexualität. Ihre Methode vereint das Wissen aus Körperarbeit und -therapie, Tanz, Bondage und BDSM. Zudem teilt sie als Speakerin ihre politische Vision für eine sexuelle Kultur. Mehr Infos findest du unter: www.marlen.me.

**Dawa Tarchin Phillips** ist Gründer von Empowerment Holdings, Präsident der International Mindfulness Teachers Association und einer der führenden Experten für Mindful Leadership weltweit. Weitere Infos unter: www.dawatarchinphillips.com/freeminiecourse.

**Melanie Pignitter** ist Mentaltrainerin, Selbstliebementorin, Podcasterin und Autorin, unter anderem des Bestsellers *Es ist ein Geschenk, dass es dich gibt*. Wertvolle Impulse findest du in ihrem kostenlosen siebentägigen Selbstliebe-Schnupperkurs unter: https://honigperlen.at/du-bist-genug-gratis-webinar-anmeldung. Noch mehr Inhalte, Praxistipps und Angebote von ihr findest du außerdem auf: https://honigperlen.at.

**Patrick Reiser** ist Gründer von Human Elevation, Speaker, Teacher, Coach, Autor und ehemaliger Profiathlet. Er ist Experte für Bewusstseinsentfaltung und für die innere

Wissenschaft. Weitere Informationen zu Patrick und seinen unkonventionellen Coachings, Retreats und Seminaren findest du unter: www.patrickreiser.com.

**Katia Saalfrank** ist Diplom-Pädagogin und Bestsellerautorin (*Kindheit ohne Strafen* und *Die Reise zur glücklichen Eltern-Kind-Beziehung*). Sie arbeitet bindungs- und beziehungsorientiert. Mehr über ihre Arbeit findest du hier: www.katiasaalfrank.de und www.familiensprechstunde-saalfrank.de.

**Mareen Scholl** arbeitet persönlich motiviert, somatisch fundiert, politisch inspiriert und spirituell involviert. Sie begleitet Menschen auf ihrem Weg zu einer verkörperten, selbstbestimmten und erfüllten Sexualität, mit ihren Herzensanliegen und Visionen, in Einzelarbeit, Workshops und Ausbildung. Mehr Infos unter: www.enter-space.net und www.ISBBerlin.com.

**Dana Schwandt** ist *SPIEGEL*-Bestsellerautorin und Expertin für Beziehungen. Du möchtest deine Lebendigkeit wiederfinden, die Schönheit des Menschseins wieder erleben und raus aus dem Grau rein in die Hingabe? Auf ihrer Website findest du passende Kurse und Inspiration: www.ichgold.de.

**Jessica Schwarzer** ist leidenschaftliche Börsianerin. Die studierte Historikerin und Politologin schreibt seit mehr als 25 Jahren über Geldanlage. Zehn Jahre lang arbeitete sie für das *Handelsblatt*, leitete das Ressort Finanzen bei *Handelsblatt Online* und war zuletzt Chefkorrespondentin. 2018 hat sie sich als Finanzjournalistin und Moderatorin selbstständig gemacht. Die deutsche Aktienkultur ist ihr eine Herzensangelegenheit, für die sich sie auch mit Vorträgen und Seminaren und bei der Initiative finanz-heldinnen starkmacht. Ihre Masterclass findest du hier: www.jessica-schwarzer.de.

**Laura Malina Seiler** ist Visionärin, spiritueller Coach, Gründerin und zweifache #1-*SPIEGEL*-Bestsellerautorin. Ihre größte Vision ist es, so viele Menschen wie möglich dazu zu inspirieren, ein neues Bewusstsein für das eigene Potenzial zu entwickeln und ihr Geschenk für die Welt zu leben. Lauras Podcast »happy, holy & confident®« zählt über 55 Millionen Downloads und ist damit einer der erfolgreichsten im deutschsprachigen Raum. Mit ihren Onlineprogrammen wie der Rise Up & Shine Uni® oder dem Higher Self Home® konnte sie bereits mehrere Zehntausend Menschen dabei unterstützen, ihre Schöpferkraft zu leben und ihren eigenen authentischen Weg zu gehen.

**Stefanie Stahl** ist Buchautorin und Deutschlands bekannteste Psychotherapeutin. Ihre Bücher werden seit Jahren auch international millionenfach verkauft und stehen dauerhaft in den Bestsellerlisten. Sie ist präsent in allen Medien, in ihren eigenen Podcasts sowie als begehrte Keynote Speakerin – ihr neues Buch *Wer wir sind* erschien im Oktober 2022.

**André Stern** ist Bestsellerautor, Musiker, Gitarrenbauer und Journalist. Ferner leitet er das »Institut Arno Stern« (Labor zur Beobachtung und Erhaltung der spontanen Veranlagungen des Kindes) und initiierte die Bewegung »Ökologie der Kindheit«. Er ist einer der Protagonisten in Erwin Wagenhofers Film *Alphabet*. Mehr über sein Engagement als Botschafter der Kinder findest du hier: www.andrestern.com.

# Impressum

© 2022 GRÄFE UND
UNZER VERLAG GmbH,
Postfach 860366, 81630 München

**EDITION**

Gräfe und Unzer ist eine eingetragene Marke der GRÄFE UND UNZER VERLAG GmbH, www.gu.de

ISBN 978-3-8338-8853-3
1. Auflage 2022

Alle Rechte vorbehalten. Nachdruck, auch auszugsweise, sowie Verbreitung durch Bild, Funk, Fernsehen und Internet, durch fotomechanische Wiedergabe, Tonträger und Datenverarbeitungssysteme jeder Art nur mit schriftlicher Genehmigung des Verlages.

Projektleitung: Clea von Ammon
Lektorat: Silke Panten
Korrektorat: Gabriele Werbeck
Umschlaggestaltung & Layout: ki36, Editorial Design, München
Herstellung: Markus Plötz
Satz: Björn Fremgen, KONTRASTE
Reproduktion: Repro Ludwig, Zell am See
Druck und Bindung: aprinta GmbH, Wemding

**Umwelthinweis:**
Dieses Buch ist auf PEFC-zertifiziertem Papier gedruckt. PEFC garantiert, dass Holz- und Papierprodukte aus nachhaltig bewirtschafteten Wäldern stammen.

**Wichtiger Hinweis:**
Die Informationen in diesem Buch stellen die Erfahrungen und die Meinung des Autors dar. Sie wurden von ihm nach bestem Wissen erstellt und mit größtmöglicher Sorgfalt geprüft. Sie bieten jedoch keinen Ersatz für persönlichen kompetenten medizinischen Rat. Weder der Autor noch der Verlag können für eventuelle Nachteile oder Schäden, die aus den im Buch gegebenen praktischen Hinweisen resultieren, eine Haftung übernehmen.

Die GU-Homepage finden Sie unter www.gu.de

*Ein Unternehmen der*
GANSKE VERLAGSGRUPPE